VINCENT THIBAULT

PARKOUR *&* ART
DU DÉPLACEMENT

Lessons in practical wisdom

ASIN: B014VP34QG
ISBN: 978-1519539229

Cover photo by Andy Day
Athlete: Bogdan Cvetkovic
Cover design by Simon Gray
Layout by Hugues Skene (KX3 Communication)

www.vincentthibault.com

This book is 100% bilingual.
The French version follows the English one.

*La traduction française intégrale
de ce livre suit la version anglaise.*

CONTENTS

TABLE DES MATIÈRES

WARNING

Three terms, *art du déplacement, parkour, freerunning*, refer to ways to approach the discipline of the Yamakasi, like in the case of some martial arts families in which an original teaching evolved into many different schools. Instead of debating on the shades of meaning or sowing discord, this book intends to be a gesture of friendship. That being said, for some reason *freerunning* is rarely used herein, and although *art du déplacement* is preferred in the French version of the text, *parkour* often seems more convenient in English. It is up to the reader to be able to go beyond mere words and categories, without forgetting about the origins of this wonderful discipline.

Some other terms had the author-translator scratching his head. *Practitioner*, for instance, often seems to work, but would soon be redundant here. For want of anything better, *athlete* has frequently been used, even if it is a debatable choice that is normally used in more classical or competitive sports.

Furthermore, this little philosophical treatise shows that there is so much more than the jump, and offers practitioners new perspectives as to what their art *could* be. It is really up to them. The book is therefore eminently subjective, but hopefully, equally powerful.

Lastly, we have opted for a bilingual book. *Art du déplacement*, after all, originated in France. A bilingual text also encourages cultural exchanges (in the spirit of the discipline) and allows the athlete to travel around the globe and bring the book as a gift to friends of different nationalities. Many English-speaking practitioners claim they would like to learn the language of the founders; this could come in handy. Furthermore, the mischievous author allowed himself to hide a few shades of meaning here and there: his sensibility is expressed slightly differently depending on the language. Bilingual readers might thereby find a second reading most refreshing.

ACKNOWLEDGMENTS

Thanks to Chau Belle, for his energy and advice throughout the years. To Yann Hnautra, Laurent Piemontesi, Williams Belle, Guylain N'Guba Boyeke for the inspiration, even from a distance and in an unsuspected way.

Two friends proofread the English version of the text: Christopher Keighley in England (Parkour Generations) and Alissa Bratz in the United States (Wisconsin Parkour). Two others proofread the French version, Catherine Marais in France (ADD Academy) and Marie-Hélène Savard in Canada (ADD Academy of Quebec). The UK-based photographer Andy Day, alias Kiell, generously offered the photograph that has been used for the cover, and his friend Simon Gray brilliantly took care of the cover design. The Quebecois graphic designer Arnaud B. Langlois also helped with a series of promotional images. Ryan C. Hurst, director of Gold Medal Bodies, managed to find time, between workshops in Japan, Costa Rica and the United States, to write a lovely preface. All of these people have been working voluntarily and I am immensely grateful.

I bow before Hugues Skene at KX3 Communication, for his remarkable work on the layout of the present edition of the book. Amongst the many other people that inspired me or somehow helped with the project are Émylie Côté, Françoise Comoz, Mary-Andrée Jobin and Jacques Thibault, as well, of course, as my colleagues and students at the ADD Academy of Quebec.

FOREWORD
by Ryan C. Hurst

My entire childhood has been based around physicality. Whether it be competitive gymnastics, rock climbing, running, skiing, or martial arts, I was doing it.

Gymnastics was really my main thing from age 5 and I can't count the hours that I spent practicing and competing throughout my younger years. However at age 19, my gymnastics career was done and I went to Japan to study martial arts full time.

I was excited to study a martial art in a foreign land and at first had naive dreams of becoming a martial art superstar training with the top masters throughout Japan.

Things weren't as easy as just moving to Japan and getting to train with the big boys. It was a rough wake-up call when I learned that I wasn't anything special and was thought of as just the small foreigner to be used as a throwing dummy up and down the mat. However, every day I would show up and get on the mat to train. "First one on, last one off" was the attitude I kept and over the years my mental toughness grew just as much as my physical prowess.

As a foreigner there was a huge language barrier that I had to break through and it took me a long time to gain mastery of Japanese.

Eventually everyone gets to certain point where you want to have a deeper conversation but it's tough if you don't know the language. What kept me going throughout the years was the language of movement, with which I was able to communicate with others on the mat.

With martial arts and parkour, the movements become the common language and often break down barriers. This bond in the community can only be accomplished through consistent practice. I was an outsider but because I worked hard and showed up every day, I found that members of the community accepted me and that helped to keep me going.

I've found that for the most part, practitioners will develop mutual respect. And even though I was a foreigner in a completely foreign land, when I trained martial arts I was able to communicate with others on the mat through the movement practice that brought us together. Thanks to our common bond of martial arts I was able to create long-lasting friendships that continue today.

I have only practiced parkour for a short time but I see the community of parkour similar to the martial arts world. We step onto the "mat" alone, yet the challenges we face help us grow and learn more about our true selves. Likewise, the communities are very similar in that even though we are working as individuals the support from other practitioners helps build us up into not just better movers but into a better people all around.

Just as in martial arts, parkour, or *art du déplacement*, involves navigating challenges in the most efficient way possible. It is a physical practice yet without a strong mind we will fail even before we start. Over-thinking, not assessing the situation properly, or careless thinking will get us in trouble and might be the cause of great harm.

However, with a clear, rational, and focused mind, we can overcome objects that others might think impossible. The study of the mindset and philosophy of our practice must make up a large part of the journey.

Martial arts and parkour aren't just games that we play on the weekends. They are life-long pursuits, and better understanding of the philosophical side of the practices assists with the physical. We take these lessons with us when we work on techniques and movements, with our bodies and minds together.

In Japan there is book by the famous swordsman Miyamoto Musashi called *The Book of Five Rings*. It isn't a lengthy work on the techniques of swordsmanship with diagrams and sketches of applications that read like a textbook. Instead it is a very short book on the philosophy of the art that can be applied to daily life. It has become a classic because it's applicable and to the point.

It is very similar to the book that you are about to read.

Typically, when we practice parkour we are not thinking of balancing the yin and yang of our overall practice. We are only thinking of hitting a particular run or individual skill that we've been working on.

Parkour & Art Du Déplacement: Lessons In Practical Wisdom is about going deeper into the mental side of our parkour to create a more fulfilling experience.

This book is not a textbook nor a book that you must read in order from front to back. Yes, it can be read that way. However, instead I believe that you will find yourself coming back to certain sections to further challenge your thinking about a particular parkour session you had earlier in the day. You'll then replay the session in your mind and understand better what happened that day. Or maybe even find yourself with more calmness and clarity the next day during your parkour practice after having read a passage the night before.

There are quite a few books and information on the internet about parkour techniques and how to practice. But honestly, we don't really need any more tutorial type books. Instead, what we need is a book that helps us think deeply about the true meaning of parkour and the importance of community and creating bonds through the common practice of art du déplacement.

This is that book.

It is an absolute privilege and honor to write a foreword for this modern day Book of Five Rings. It is my hope that it further unites communities across nations by breaking down the barrier of language and keeps people moving forward in a positive manner.

RYAN C. HURST
Program Director, GMB Fitness
July 30th, 2015

INTRODUCTION

Art du déplacement is a physical discipline, quite possibly the fastest-growing of the last decade all over the world, in which we train to overcome obstacles and travel from point A to point B (or C, or W) with efficiency, economy, grace and mindfulness, using just our own body. Both physically and mentally, it is equally demanding and rewarding, and it is ever-changing due to the very nature of our training locations. That is, everywhere.

Art du déplacement, or *parkour*, is often presented as a sport, and in some regard it is, but there is also a major difference between such a varied discipline and a traditional sport. In the latter, there are some very clear rules, and the objective is the same for all participants. In art du déplacement, although there are some rules – they mostly relate to safety, efficiency and courtesy – a certain number of those rules are vague or circumstantial, and most importantly, *every participant has a different goal.* Yes, there are shared ideals – strength, dignity, control, camaraderie and so on – but the objective of a given motion or attempt changes from one athlete to the other and, more surprisingly, from one training session to the other. Oftentimes, within a single training session, the practitioner might assess, explore and face tens of challenges of different types altogether.

In the end, all these challenges help the athlete become fit and more creative, find unexpected resources all around and within, and generally develop a more resilient body and hopefully a more benevolent mind. Humility, sharing and a sense of community also constitute an integral part of our discipline.

Many of the French founders (the Yamakasi) insist on that communal aspect: "We start together, we finish together" is a leitmotiv. The Yamakasi vision of strength is also incredibly vast and inspiring. Interestingly, although the word *parkour*, frequently used in the world, indeed derives from a French word, many of these pioneers like Chau Belle, Yann Hnautra and Laurent Piemontesi prefer the expression *art du déplacement*. It is not as easy to translate the last word as one might think: *displacement* has some somber connotation, *movement* is too vague. So often enough, we will use the beloved acronym, ADD, as with the ADD Academy.

The first time a native Anglophone hears that, he can't help but smile. ADD, of course, often refers to *attention deficit disorder*. But that's where things become fascinating. For ADD, here, means quite the opposite: *art du déplacement* is indeed a *culture of attention*. Attention to landscapes, street furniture, motions, details, textures, training partners, breathing, everything. Turning agitation into agility. Brute force into control and real mastery. Unworthiness into dignity.

This very idea of turning something "negative" into something positive, is at the heart of our discipline. And given proper training and healthy inspiration, such ideas can permeate our more general outlook. That is the meaning of the title I originally came up with for this book, "Leaps and Bridges". Just as there is so much more than the actual jump, there are countless bridges between art du déplacement and daily life. There is a mutual inspiration, some wisdom traveling from training sessions to daily activities and vice versa, and at some point, just like in the martial arts ideal, both poles fuse. In a sense, I believe reading this book can be of some benefit to people who don't even actively train in our discipline.

Parkour, ADD, indeed has some resemblances to martial arts: its richness, its vastness, its ability to enhance so many aspects of our lives. But there are many differences as well, and one of them is that we constantly and fully test ourselves. In martial arts, you can do a sparring session with a friend, and your newly acquired speed and coordination will in fact help you in other aspects of your life, but rarely (hopefully) will you get into a real fight. In fact, the spirit of martial arts might even teach you how to avoid fighting in the first place. In parkour, we are constantly putting ourselves in very real scenarios where an obstacle is either passed or not, and where a broad precision jump to a rail is either landed or not.

All these many opportunities, equally demanding and beautiful, can, again, fuel us and imbue our life in general. And finding inspiration in that regard is indeed the point of the 90 short lessons that follow.

Two years ago, I released a book titled *Parkour and the Art du déplacement: Strength, Dignity, Community.* There were just a couple of books on the subject at the time, and aside from Julie Angel's much needed academic efforts and some biographical documents, most related to movements and techniques, and this was one of the first books, if not the first, to be entirely dedicated to the philosophy of it. It was a starting point, and although quite personal and subjective, I believe it made a strong plea. I did realize though that albeit quite short, *Parkour and the Art du déplacement* was a bit on the intellectual side. So I wanted to write another, complementary book that would be more practical, that the athlete-artist could just carry along to training sessions; friendly tone, super short chapters, with just one idea per chapter. Wisdom bits, food for thought, and very clear perspectives on the bridges between parkour and life. That is the book you are currently holding.

The themes are varied. We'll see how overcoming obstacles is a metaphor; that on a route we're always traveling towards the center, so to speak, towards ourselves; that the mind follows habit and that it is up to us to develop good habits; that fear can be an ally and a foe; that the mark of a great warrior is sometimes being able to fully acknowledge and embrace one's limits; the way to distinguish between determination and stubbornness; that there is a large, beautiful *growth zone* between our comfort zone and our zone of panic, and how to stay in it; when to focus on the goals rather than the processes (spoiler alert: not very often); when to envision worst-case scenarios and when not to; if it's better to work on our strengths or on our weaknesses; how to find *our* thing; how to balance yin and yang in our general approach to movement; that it's all about love; that there are ways to heal overtraining and lack of motivation; that the Greek philosophers and Buddhist masters have something immensely worthy to unveil in the context of our very training. These and countless other ideas.

At first, I thought about arranging these lessons in sections: willpower, constraints, community and so on. But then I came to see the whole as a web, or as an oriental rug in which elements are beautifully reused and evoked. Yes, a first traditional reading might help see building blocks and better understand references as one progresses throughout the book, but it is also designed so that one who is hungry for inspiration can just flip through it and pick a random chapter. It is like a tree: we pick the fruit that seems most ripe.

Just as there are countless ways to train, there are endless ways to approach life lessons. If any of these make sense, put them into practice and don't just leave them on the page; the ones that don't apply to you, just forget about them!

Art du déplacement, art du dépassement, culture de l'attention et de la bienveillance. Be mindful and share the love,

— *VT*

- 1 -

THE GROWTH MINDSET

Some things are in our control and others not, said the great Stoic philosopher Epictetus. Our place of birth, our parents, our genetic heritage, the passing of time are not in our control, and so are, to some varying degrees, the way people interpret our speech and actions, the political conjuncture and so on. Things in our control: our opinions, desires and aversions, our pursuits and how we prioritize them, and most importantly, the way we react to events. Challenges and difficulties are unavoidable, our mind, however, is malleable.

One of the most important factors, are we to be happy and whole human beings, is our ability to see *opportunities in adversities.* That is one of the most powerful lessons in parkour and ADD: learning, whenever needed, to thrive on obstacles. Our discipline indeed tells us of the fundamental difference between a fixed mindset and a growth mindset. The former believes "I am bad at this", the latter proposes "I am better than this; I can learn something". It is the difference between "I am a failure" and "I made a mistake". The fixed mindset laments, "this is how I am and it will never change", the growth mindset knows that life does change constantly, all the more with proper training. *Whoever we are and wherever we come from.*

This focus on change and growth is not like being perpetually agitated and developing a phobia about stagnation: it is just knowing that there is always an opportunity for development, for expansion. Expansion, as in opening one's heart more and more, progressively, until it can contain just about anything. Just *knowing* or remembering about this very possibility gives hope and energy, even in much needed times.

Developing a new outlook that is both optimistic and grounded in reason and practicality might not happen overnight. In a sense, Epictetus, Seneca, Marc Aurelius and the Greek Stoic philosophers were, like authentic ADD athletes, all about training. It is not about asceticism – we'll talk about that pitfall later on. But getting used to small hardships progressively prepares you for bigger ones. You become what you do, and if what you do everyday, with mindfulness and much repetition, consists of facing obstacles with effort, dedication and creativity despite the hardness of the surfaces and so on, then there is no reason for this growth mindset not to permeate your more general approach to life. At some point, it will make a tremendous difference.

Obstacles are everywhere. And so are opportunities for growth.

- 2 -

A THOUSAND WAYS TO READ A BOOK

With a novel, the reader usually travels from the first page to the last. Two decades ago, however, the witty French writer Daniel Pennac published the *Reader's Bill of Rights*, in which we were duly allowed, well, to reread and not read, read anything and skip pages. How refreshing!

If the A to Z approach remains the most common amongst novel readers, with other types of books, we can adopt a different method altogether. Some books even seem to beg for it! Often, the reader can start by reading the introduction, in order to help avoid misinterpreting the author's intent, but afterwards he can open the table of contents or just flip through the chapters and start wherever he wants, just following his intuition. And who is to stop him, really?

That is precisely what we parkour athletes do. We look at a scene, at a location, at a landscape and go: here is the commonly used alley, but here is also the path I see. We see whole new starting points, destinations and passages in-between. We see unpublished material, so to speak: a story hidden between the duly numbered pages. This is also where dialogues between parkour athletes and landscape architects are bound to be fascinating: we look both at landscapes and spaces, take into account the ecology, and in the end reveal new narratives.

- 3 -

THE ROSE THAT GREW FROM CONCRETE

Generally speaking, *resilience* is defined as the ability to cope with change. The notion is used to better understand systems – in ecology and engineering, notably – but also to understand behavior and well-being in social sciences, psychology in particular. Many leaders of the positive psychology movement studied how some people were better able to properly adapt to adversity and stressful circumstances. These individuals are able to acknowledge difficult experiences, face them and eventually rise above them. It is a crucial notion in therapy, especially when dealing with traumatic events.

That resilient people experience virtually no painful emotions and are optimistic at all times is a misconception. What they do display, however, are navigation skills, shall we say: they seem to know how to cope, use, balance, learn. These abilities sometimes appear to be innate but the beauty is that they can be diligently acquired. In fact, they are not so uncommon. There are countless inspiring tales of Jewish and Tibetan prisoners who never lost compassion for their torturers and actually became wonderful human beings; of grieving people who in the end found renewed inspiration and strength; of adults who were abused when they were children and managed to find genuine happiness and even started to help others dealing with their painful experiences.

On a relatively lighter note, ADD has always been an art of resilience. Paris is one beautiful city, but the suburbs where our discipline first saw the light of day were grey and architecturally stifling. There were tensions between rival gangs, and the possibility to choose violence over tolerance, drugs over sports, lamentation over joyful effort, was ever-present. And yet these youngsters rose above their limitations and sorrows, and used the grey concrete structures to develop their creativity, make new friends, and more generally actualize their potential.

A parkour practitioner should let this general approach inspire his own life. In Buddhism, we often use the symbol of the lotus: just as this most beautiful flower blooms in the mud, Enlightenment is always possible, always stronger than ignorance and temporary negative emotions; it is within everybody's reach, given sincere and patient efforts, and it does not imply to run away from our fears or deny the presence of the mud.

If you crave for a more urban metaphor, think of *The rose that grew from concrete*. That's the title of Tupac Shakur's collection of poetry, uncovered after his death. The poems, awkward and angry at times, were composed between 1989 and 1991, before he became famous. Of course the rapper, no matter how talented and passionate, apparently never really managed to disentangle himself from his drug problems and got lost in fame, money and violence, before he was sadly murdered at the age of twenty-five. But deep within, he was trying.

David Tennant's *Doctor Who* has this memorable way of claiming, all smiles, "BRILLIANT! You human beings are absolutely brilliant!" And maybe he is referring to our capacity of resilience, our potential to cope and adapt.

Cope, adapt, rise and shine: that's what our training is all about.

And that, indeed, is brilliant!

- 4 -

CLOSE THE GAP

A central idea in ancient Greek culture, especially amongst the heroes and the philosophers, was that of *arete*. It referred to the notions of excellence and virtue.

The ancient Greeks spoke of the *paideia* – the training of the boy to manhood, the rearing and education of the ideal member of the *polis*, the City –, and a significant part of that program referred to *arete*. It included physical, mental and spiritual training.

In the epic poems of Homer, *arete* is used to describe heroes and nobles, and often specifically refers to dexterity, strength and courage. On some occasions – Penelope's being praised for her *arete*, for instance –, it also relates to a sense of cooperation. It is also worth noting that in Homeric times the term was not gender specific, and that the author of the *Odyssey* applied it to both Greek and Trojan heroes.

But in a more general sense, and here is the teaching we should honor today, *arete* refers to the actualization of one's potential. There is a gap between *actuality* and *ability*, and living with *arete* means to close that gap – or always make it thinner. Whenever we are under the impression that we are not ourselves, whenever we are feeling discontented, frustrated, depressed, unworthy, we are not living with *arete*. Acknowledging our fundamental dignity, recognizing our potential and actively working towards its blossoming with sincerity, patience and integrity, is what makes a life worth living. There will be challenges, and new gaps will constantly open, but recognizing and closing these gaps will make a difference in absolutely everything we undertake.

What would the greatest version of myself do? Coming up with an answer is not always easy, nor is taking the right action. But raising the question is already a sign of maturity.

There are a thousand ways to close the gaps, so to speak – to live with *arete* and actualize our potential – and parkour and ADD most certainly help us in this regard.

This is done, as we will see, moment to moment and one step at a time.

- 5 -

MOMENT TO MOMENT

Every jump should be beneficial.

That is not to say that every jump should systematically be better than the previous one and that you are an absolute failure if it is not the case. But *every jump, every vault, should have its purpose.* Let us not just frolic around with no mindfulness whatsoever.

Oh, there's the pure fun aspect and occasions when we want and need to relax. We are talking about the general approach to training here, and technique training specifically.

Indeed, the question is: what do we want to carve into our system? A sloppy, apathetic technique? Then again, it is not necessarily about sticking the jump (which of course is important), more about the mindset. No matter what the situations are, a training session should always be beneficial. If not visibly and immediately, then subconsciously and over the longer run. And even if you come to class with a bad mood, that too, can be turned into an opportunity for growth: learning to simply *be with your discomfort*.

We may need to take a break, or we may be under the impression that we have reached a curiously broad plateau. But as it happens, if we are mindful and sincere, moment to moment, every jump will be beneficial.

- 6 -

I CHOOSE TO FALL!

Years ago, a short film featuring the British athlete Daniel Ilabaca was released under the title *Choose Not to Fall*. Jokes have been made, many things have been said about the talented guy and his associations, but the video and the outlook it shared did inspire a lot of people, especially amongst the youth. Daniel did tell a beautiful tale of resilience: he used to do drugs as a teenager, and found in parkour a way to express himself and explore his potential. Even though the massive feats shown in it could be misleading as to the nature of our discipline, the short film did help spread the idea that there was some contemplative layer to our art, and there was something quite spiritual about the athlete's ideas. Amongst these ideas was the emphasis on the power of choices in one's training.

However, if it is certainly true that thinking you are going to fail, be it in a jump or in any project in life, might negatively affect the outcome, the contrary is not always true. Confidence and spirit always help. But a parkour athlete can not thrive on faith alone, and that is why we do such a load of physical and mental preparation; that is why we are constantly polishing our technique on ground level, sharpening our assessment skills, and looking for proper progressions. *Parkour is not about wishful thinking.* That would be foolish and obviously dangerous. On the other hand, yes, indeed, at some point one has to make a decision. *Choosing* solicits the fibers, preps the nervous system, so to speak.

Still, today, let's explore another option. Precisely, choosing to fall. Naturally, nothing to do with working at heights here. It has to do with the first stages of learning (and unfortunately, or rather, most fortunately, there's always something new to learn). One can't learn something new without first admitting one's ignorance. No matter how great a tea is, none can be poured into a cup that is full of water or turned upside down. There is no trying without being ready to fail. So when attempting a new movement pattern, be ready to fail every now and then – be willing to experiment, be willing to not always get it on the first attempt. Some people, out of pride, exclusively want to *achieve*; some others are willing to *learn*. Guess who gets most done in the long run?

Be mindful and don't just ruin your shinbone for some triviality. But generally speaking, have fun, explore, stay humble and be willing to get dirty and share a few laughs.

Tal Ben-Shahar, writer on positive psychology and creator of the most popular course in the history of Harvard University, coined a wonderful precept that sums it up:

"Learn to fail – or fail to learn."

- 7 -

LEMONS

Resilience, we talked about it. We pictured roses that grew from concrete, lotuses that bloomed right in the mud.

But hey, we know that every now and then, you'll just flip through this book. So we allow ourselves to insist on that point yet again. But this time with a twist. Or a zest – you know.

When life gives you lemons, the proverbial saying goes, make lemonade. And that's the parkour spirit. Not only that: for training's sake, sometimes you should *give yourself* lemons. *Today, don't go looking for the "perfect spot", just do with what is.*

Give yourself what seems to be the most boring piece of rock or street furniture. And have a go. Change the angles, adopt new perspectives. Spend an hour with your boredom, if you have to – that's also quite something. But most often, if you are patient and attentive enough, the piece of rock will, at some point, start to murmur.

When life gives you lemons, make lemonade. Yeah… An experienced ADD practitioner might even rephrase the proverb. For she might even make, indeed, some sweet, sweet *lemon pie.*

- 8 -

FOCUS ON THE PROCESS

An awesome way to stress yourself out (we are also providing in chapter 15 a recipe that is impossible to miss) is to focus on the results.

Unfortunately, that is often what we are told to do. That is how we were raised, and that is how we are still conditioned socially as adults: do, achieve, produce results, instead of be, feel, enjoy the process. Quantitative over qualitative. We are obsessed by performance and "tangible" results.

But that is one of the great teachings of parkour and ADD: that the path is just as enjoyable as the destination; that sometimes it is even more important, and that oftentimes it *is* the destination.

There are, in the history of professional sports – golf, football, baseball – great examples of trainers who had their athletes unexpectedly win major tournaments by telling them to *not* worry about the points. The goal is the process, they uttered like a mantra, the goal is the process. Hone your swing, just be mindful of the here and now, fearlessly enjoy it to the fullest, and don't care about anything else but perfecting the motion... Hone your swing, again and again, day after day after day. Focus on the process and the results will take care of themselves.

In martial arts classics, specifically in the great treatises on Japanese swordsmanship, we are also told of the dangers of focusing too much on the result. It might insidiously put your body-mind in a state of tension that will make you lose precious microseconds at a much-needed time. Don't grasp, say the masters, don't let your mind linger on a goal.

One might believe there is a contradiction with lesson 6 in which we mentioned that at some point the athlete has to make a decision and be confident about the outcome. There is no contradiction. Here we are saying that in the more general context of our training, we should enjoy the process just as much as the result. The physical preparation, to take a simple example, is just as important as the actual jump, if not more, and thereby should be just as gratifying.

Test your limits and new skills often. But generally speaking, just focus on building a strong, supple and resilient body-mind, and let the results take care of themselves.

Focus on becoming a good human being, the boons will incidentally and inevitably occur.

- 9 -

COMMIT TO THE MOVE

Almost every single time I have missed a jump or screwed up a movement, I found out after the fact that I did not fully commit to it.

We have all seen this: one attempts a palm spin, somehow feels he's not strong enough and thereby does not commit to the "jump" aspect of the technique. The result is half a jump, so to speak, and, well, a memorable faceplant. Memorable indeed, for if the practitioner does not integrate that this incident was due to a simple lack of commitment, chances are he will take it as a proof that he is not strong or qualified enough, and that will in turn increase his apprehensions.

Being fully committed to the movement does not only imply confidence and mindfulness of the here and now; it will also protect you and help you bail properly in case things don't go as planned.

That is one of the main lessons working at some height might teach you. In the feature-length documentary *Generation Yamakasi*, Williams Belle brings some younger students to a rooftop jump. Of course, albeit young, the students have been training diligently for a while and under proper guidance. But one of the guys runs, and slips upon jumping; half a second later he is in midair, between two buildings, swinging his arms to stabilize himself… To an outside observer, this is absolutely scary. But the young athlete reaches his destination without any injury. This is thanks to his commitment: he did put enough power in the motion to reach the other building. Of course, this is but an example, and one that should not be taken lightly.

Doing half a jump does not cut it. Of course, we will talk about testing later on. Sometimes you have to adapt the technique or find a progression. But once you *do*, you do.

- 10 -

UNDERSHOOT, OVERSHOOT

A precision jump is something that teaches you many things. So is a running jump.

A running precision – well, something that teaches you *a lot*.

In any case, it's all about calibration. Finding the proper amount of speed and power, for instance. And interestingly, more is not always better.

If I am to bail, what would be the best option? Undershooting – not jumping far enough – or overshooting – landing too far from my ideal destination? That is a good question. One should be able to visualize and rapidly assess *both* scenarios.

If one lands rather flat footedly and put too much speed and power in the whole motion, say on a broad jump, and especially if one's body is not aligned and one's feet are too much ahead, then it will be easy to slip. Better to find a progression that will require less power but will allow good technique, or maybe do a "crane landing" if the situation allows.

On an arm jump, if one has to deviate from the picture perfect technique, it is often wiser to put the feet too low than too high (assuming one's hands reach their destination and have enough grip strength). If the feet are too low, they might slip; it might burn rubber a bit but will in fact slow down the movement; you might end up in a sort of dead-hang and it might require a dose of strength to pull yourself up, but you are still *hanging there*. Also, depending on the height, an undershot arm jump can simply and safely be turned into a "splat cat", where one simply bounces off the wall and lands on his feet. If the feet are too high, chances are you'll bounce off and fall on your back; even if you do manage to grab the top with your hands, the landing position and absorption might be very taxing on the lower back. Of course, we should train for the worst, so to speak, explore and train all variants; for instance, an overshot arm jump can sometimes be safely turned into a singular crane landing.

There are, however, occasions where overshooting is indeed the safest option. Parkour is a circumstantial art, many factors come into consideration at any given moment and technique, and sometimes it's a matter of grams and millimeters.

A couple of years ago I was training in Boston with a bunch of great people, including Adam McClellan and Andy Keller from Pennsylvania, and Chris Keighley from the UK. Whenever we did precision jumps and landed towards the middle of the foot, someone was there to gloriously chant *#allthemidfoot*. (Hashtag jokes were the thing at the time!) It was a fun way to remind each other that there was still room for improvement in the technique. But in fact, landing towards the mid-foot on a rail, even if that is not considered a perfect technique, does seem safer than landing just on the tip of the toes.

How can this apply to our daily life? Sometimes we are putting too much – or not enough – energy or passion in a given project… We could ask ourselves: if I am to err, which way would be safest? It is not accounting, however. It is not about contemptuously looking at the world and the people around you, and saying: "okay, so now I claim that this friend is only worth two hours of my precious time every other week." Not quite! It is more about focus, care, mindful resource management, and resilience: being well aware that sometimes, we will overshoot or undershoot, and that it's okay, as long as we're prepared and loving enough to be able to face all scenarios. Safely, that is, for both us and everybody around us.

- 11 -

HALF MEASURES?

Always remember that mind follows habit.

And that it is up to us to develop good habits.

Stopping things halfway affects your willpower. It hammers "I am not worthy" in your brain.

Imagine most of the people in your group took 30 minutes to complete a quadrupédie route. What would be more gratifying and great an experience: abandoning the route after 35 minutes, or accepting that it takes you 60 minutes?

If you give yourself an objective, assuming this is a reasonable one, then try to stick to it. Even if it takes longer than expected. Or even if you have to *adapt*, which is a key notion in our discipline. Learning to do things completely and properly is especially important amongst the youth.

We should learn, however, to distinguish between determination and stubbornness. Courage is not the same as not having any limits, and being able to fully acknowledge and embrace those limits is sometimes precisely the mark of a great warrior.

- 12 -

DON'T JUMP

You look at this jump.

It scares you.

You're just there, staring at it for a long, long time.

It actually feels like Time has a different texture altogether, some sort of elasticity you were not entirely aware of. And right now you don't care about this. For the only thing that matters is: am I going to fall and blow up my darned coccyx bone on this concrete thingy?

Maybe you are not alone. Maybe a friend of yours encourages you. Come on, man, you can do it eyes closed. You go, girl! Another friend adds to your perplexity: hey, it's okay if you're not feeling it, don't push and injure yourself. And if you stop looking at the jump for a second, the first thing you notice is yet another friend, some distance away, who beautifully and seemingly effortlessly repeats a jump that is twice as big.

You're staring back at your challenge. That's what it is: that is *your* challenge. Oh, it might also be quite challenging for many other people, most walkers would not even dare look at it, but they're not parkour practitioners, are they? Right now your obsession is, should *I* do that jump today? It's not an egocentric thing – hopefully, or not necessarily. That's just how it is.

It is kind of weird, if you think about it. Nobody's forcing you to go through that. Back home, your favorite TV show is just waiting for you. You jump, you don't jump – either way, your friends will still love you. You don't even have to look at it. Or you could just come back in a year, you know perfectly well this will then be a breeze. Why do you even have to look at it today? Good lord, you're not even moving and yet, you're sweating. Your nervous system is hyperactive and chances are your muscles are working out quite a bit... Phew, come on. It's just there. It's really not that far. COME ON ALREADY!

And yet – and yet, you walk away.

It was not the right time. And that is perfectly okay.

You could do the walk of shame, tail between legs. You've done that. We've all done that at one time or another (many times?) and in one sphere or another of our lives (many spheres?). We are so obsessed by performance and take things so seriously. We could go back home and feel we haven't learned a thing today. Everyone else broke a jump! Everybody else faced a fear!

Well, you know what? So did you. You did face your fear. Faced, as in: familiarized yourself with. Befriended it. We learn a lot when we fall – getting back up on our feet is what makes the difference in the long run. But oftentimes, we learn just as much by not doing a jump that we know is not appropriate for us at this point. Instead of teaching your mind "you tried this and you failed", which could shatter your confidence, what remains is essentially a *possibility*. Understood this way, that is very creative.

You were able to spend quite some time – minutes, hours – with your fear. How courageous is that? People who have never trained in our discipline will possibly never know that exact feeling. Because, in fact, when you are staring at the jump, doing it and not doing it are both equally real possibilities. That is a very demanding dilemma. Whatever the reason is – being unsure about one's learning curve, recovering from an injury, anything – occasionally, not doing something is the mature choice and the most enriching experience. No need to beat ourselves up. Dan Edwardes beautifully summed it up, once: "Sometimes, not doing a jump is part of the discipline."

- 13 -

ON NOTICING NEW JUMPS

It is arguably the same city.

And yet, whole new universes constantly open.

You have been training a lot recently and whenever and wherever you walk, you keep noticing new jumps. It is like they simply did not exist before today – actually, many of them were right there all along, but you really did not *see* them. It is a matter of scale, of volume. A minuscule insect is not necessarily aware of the giant beast that roams nearby, and vice versa.

Noticing a new jump that you now realize has been there all along often indicates that there has been some improvement in your abilities. Noticing *a lot* of new jumps, even if many of them would totally scare you, might indicate that you are about to step across a plateau. Intuition, creativity and confidence all converge at some point and give you new perspectives. That is why training with more experienced practitioners is always inspiring: they seem to see things. They literally see novel paths.

At some point I was walking with friends, including Jonathan St-Pierre from Quebec and Chris Rowat from the UK (a wonderful coach known as "Blane"), and we went to see one rather big arm jump. Some of us were immediately terrified, some others just kept walking without paying much attention to "this craziness".

Chris came up with an interesting observation. If a jump scares you, it might very well mean that you actually have what it takes, or at the very least that this given jump is approaching your circle of possibilities. If it were way out of your reach, your nervous system would not even bother about it, you would simply shrug your shoulders with indifference and walk away.

I then remembered reading about a study in psychology. They put babies on an elevated plate of glass, and studied the increases in heart-rate and all the symptoms of fear and anxiety. The babies that were too young to move by themselves did not show any sign of fear. Only the ones that were able to properly crawl or walk started to worry and panic. Fact is, before that phase, babies are always carried by a loving and mindful adult, and there is no reason whatsoever for them to fear a fall. The moment they become more autonomous in their movement from a point A to a point B, there is a risk – and thereby a fear. So in this instance, fears – say rational and healthy ones – see the day when they have some value.

Of course, one should be careful not to use such logic to do things that are clearly not of his or her level. Sometimes, fear is there to protect you and indicates that, in fact, you should not attempt something, or not yet. The art is to learn to distinguish between all these many shades. But it is worth looking into and in fact, any serious parkour athlete should become familiar with these mechanisms.

- 14 -

PRECOMMIT

The prefix *pre* might sound redundant: isn't some chronology already implied in *commitment*? And wasn't lesson 9 all about committing to the movement?

Here, we are referring to the longer run. To your objectives as an athlete or as a human being in general. If you are trying to learn a new habit, for instance, or to get rid of one, there are simple ways to make your life easier. If we are to quit smoking, we will make sure there is not a single cigarette left in the house, and will avoid, at least for some time, situations were we would be surrounded by active smokers. That is a precommitment: at the very time we decide to quit smoking, we take our decision for tomorrow – we will be in the house at some point and will simply not have the option of lighting a new cigarette. We know that if the option is right there, it will be much harder to make a good decision. Asking a friend to take you for a jog every other morning for two months is a precommitment. So is telling everyone around you about your weekly poetry blog.

One of the greatest examples of precommitment in the history of literature comes from *The Odyssey*. This is one of the major Greek epic poems attributed to Homer, and in fact one of the oldest extant works of Western literature. It tells of the hero Ulysses and his journey home after the fall of Troy. In a famous scene, Ulysses and his sailors have to skirt the land of the Sirens, whose enchanting songs cause passing mariners to steer towards the rocks and ultimately towards their death. The sly hero wants to hear their chant, but knows that as soon as he would hear it, he would lose control of himself… So he has his sailors plug their ears with beeswax, and tie him to the mast.

In what aspects of your training can you precommit and make things easier? In what aspects of your life? We all have romantic ideas about freedom, we all like to have plenty of choices – but what if there are situations where *limiting* our options would be the best thing to do?

- 15 -

A GREAT RECIPE TO BE STRESSED OUT

There is one great recipe to stress yourself out.

It is very easy to do and works every time.

Plus, there are only two ingredients!

Breakfast or supper, works just as well. And you can be by yourself, or with a group of two thousand ("two tables for a thousand, please!").

The two ingredients?

Be impatient, and *make it all about yourself.*

That's it. In training, or anywhere else in life for that matter.

Focusing too much on the goals and wanting to reach them quickly will stoke anxiety and depression, and increase the risk of injury.

Thinking only of ourselves makes us forget about the bigger picture; we're losing perspective; we're losing touch with the very nature of our being, with the very essence of our discipline; we're disconnected from our higher self, so to speak, a very tangible source of energy. Making it all about the ego tends to make it inflated, or fragmented, or more easily bruised.

So almost every single time you find yourself stressed out, take a step back, take a couple of deep breaths, and check your ingredients. What else is on your shelves?

- 16 -

DON'T BE THAT GUY

Chris "Blane" Rowat once wrote this remark that echoed within many of us:

That guy who walks up from nowhere and does the jump his friend has been trying to break for 10 minutes? Don't be that guy.

Know what it is to be a friend. That is one of the things ADD teaches us: how to be a friend.

On occasions we can inspire, create new reference points (see lesson 75). On some occasions one has to break the ice, so to speak, and show that a jump is doable. But then again, we ought to be careful with that: a mature practitioner should be able to assess by and for himself whether he is able to do something, without having to always rely on seeing someone else do it first.

On occasions, too, we have to understand that everyone's challenges are different, and that it's all good if one does bigger jumps and an extra set of muscle-ups. The point is to start where we are and all progress together, isn't it?

But there are ways to do things and it's all about attitude. Certainly, our ego is often bruised in parkour, especially in the first years. But never, ever add to someone's sense of shame and disgrace. Our discipline is all about *dignity*.

- 17 -

BE THAT GUY

In my early years of coaching ADD, and it took me a while to realize this, I was constantly using an antithetical speech. Troubled and saddened by the sight of many people dishonoring our discipline, I was constantly referring to what *not* to do, instead of what to do. Constantly reminding the students of the pitfalls of using the practice to nourish one's ego, of not being mindful, and so on. That was even true in my own demeanor and philosophy: I was focusing a lot on the things I wanted to avoid in both my career and my spiritual life. A good friend, author Rémi Tremblay, helped me realize the limits of this approach. The subconscious mind is said to have a hard time processing the negation: when we put the emphasis on "don't do x", there is a chance it hears precisely the opposite.

So instead of thinking, "here's what I don't want to become", think, "here's who I can and want to be". The thought "I don't want to injure myself" is useful, but only to a certain extent. Also, *instead of contemplating the drawbacks of not doing something, rejoice over the benefits of doing it.* For example, instead of constantly trumpeting the dangers of not doing enough physical preparation, sometimes it is best to contemplate the many benefits of doing a proper, regular training. This simple shift will give you more fuel – and that joy tends to be more contagious than the "safe and stiff" approach.

But this paradigm between "don't be that guy" and "be that guy" has yet another subtlety. When we are visualizing who we want to be, it is of foremost importance to make sure we are not trying to become *someone else*. Yes, change is in the very nature of things, and in fact, day after day we are "not the same, and yet not different". But the idea is that parkour and ADD are roads to authenticity. When we mentioned the Greek notion of *arete* in the first lessons, we referred to the actualization of one's potential – not the actualization of someone else's potential. There is a gap between *actuality* and *ability* that needs to be filled for us to be whole and genuinely happy, but we need to meditate on what *ability* represents for us.

So let's be positive, clear and, well, ourselves. Onwards and upwards!

- 18 -

START WHERE YOU ARE

Start Where You Are is the title of one of Pema Chödrön's books. Ani Pema Chödrön is an American Buddhist nun in the lineage of the great Chögyam Trungpa. A resident teacher at Gampo Abbey in Nova Scotia, the first Tibetan monastery in North America established for Westerners, she is a prolific writer on how to cultivate fearlessness and awake a compassionate heart in today's conflicted world.

She makes it very clear that there is only one place where we can start, and that is where we are. It is not like there is a perfect, soft and sunny road somewhere else that we first need to reach. The path is the path, the first step is the first step. Sounds simplistic when put that way, but we do have this tendency to wait for the "optimal" conditions to magically appear, and constantly delay what we know is needed most. And who are we to say that the current situation is not optimal? The moment is all there is. *When things fall apart* (incidentally that is the title of another book by Pema Chödrön), when life gets tough and things seem far from ideal – these are often the moments where we have the greatest opportunities to learn and grow. It is not about denying suffering, quite the contrary; it is not about flouting all plans and projects; it is not about over-simplifying problems with a naïve outlook; it *is* about recognizing that the path encompasses everything, that we can always (and only) start where we are.

Our grunts, our fears, our doubts, our prejudices, our unique balance of gifts and frailties – who said these are insurmountable obstacles? When we study the lives of the great masters, we realize that most were technically *not* given "optimal" conditions, far from it. Siddhartha Gautama first had to deal with an over-protective father; then he had to go through years of asceticism to realize it was not the way to buddhahood. Jesus faced countless obstacles and prejudices. Gandhi's philosophical stance upset an entire social structure. Etty Hillesum wrote diaries and letters that evoked her spiritual evolution and inspired countless readers – during the German occupation and while in Kamp Westerbork. It would be a singular understatement to say that His Holiness the Dalai Lama, Venerable Thich Nhat Hanh, Nelson Mandela, Martin Luther King and Aung San Suu Kyi had to face challenges. The list could go on forever. All these mentors had to deal with the occurrence of difficult emotions. They all started somewhere.

Furthermore, teacher Pema Chödrön encourages us to reflect on our use and understanding of words like "change", "metamorphosis", "transformation" and so on. Sometimes we want to change – so much that, without always realizing it, we hope to become someone else altogether. That is alienating and unrealistic. So it is not like having a material and switching it for another one – more like carving and shining whatever is there, unveiling its natural beauty.

The essence is this: embrace and learn to do with *what is*. Body, mind, environment, challenges, situations. All these will transform and evolve, for nothing is inherently and permanently what it now seems to be. But if we are to become great craftsmen, first we have to acknowledge everything, with loving kindness.

The value of such a teaching in the specific context of parkour and ADD is obvious. Start where you are. *Do with what is.*

- 19 -

ONE WORD

Sometimes it is a great exercise to try to articulate what moves us the most in our discipline.

The first time I attended an ADAPT certification – we were in Columbus, Ohio –, one of the senior instructors asked everyone present to find one word that defined or inspired their practice.

Many came up with words like "strength", "energy", "focus", "perseverance". The word that immediately appeared to my mind was "values".

A year or two later, the same exercise came up when I was helping out during another certification – we were in Quebec City at the time. I remarked that the word I originally came up with, "values", was not only vague, it could be dangerous: it is easy to *talk* about values and not really change our behavior; values can mean something different, sometimes completely opposite, depending on people; and also, many conflicts precisely arise when we take our "truths" too rigidly. So the word that I came up with on that occasion was "love". It felt kind of odd for some people, but that's what it was all about for me.

The point is, that one word, that one theme, will change throughout the years, and throughout the days. It just helps to bring more clarity in the overall process – and joy on the actual path rather than just in the attainment of one's goal – to sometimes stop and ask: what really brings me satisfaction in this? What is it all about? What is it, in this sport or project, that moves me, motivates me, nourishes me – and helps me thrive and shine?

- 20 -

THREE WORDS

The answer to the one-word question might change constantly.

If we were to articulate our whole approach to training, our more general direction in life, our cardinal themes, then the three words exercise might help provide a more durable answer.

When I wrote a first book on the philosophy of our discipline, *Parkour and the Art du déplacement*, I came up with a subhead, *Strength, Dignity, Community*. I liked the trio, it sounded just right. In many cultures and religions, this number is frequently seen: in Buddhism there are the Three Jewels of Refuge, the Three Kayas and so on, in Christianity there is the Holy Trinity... Parkour is not a religion, of course, the point is simply that there is something powerful about these triads.

"Strength, Dignity, Community" did resonate within many practitioners; the ADD Academy of Quebec, for instance, printed bracelets with these three words. Such a bracelet acts as a reminder of the values of the discipline; at any point during the day, we might catch a glimpse of our wrist and remind ourselves, "that's right, I am worthy and so is every living being", or "that's right, it's not just about me".

More recently, other people have been meaning to use these three words in other contexts, as if these were the core values of the discipline, a sort of official slogan or tag line. This phrasing was not, however, coined by the very founders of our discipline or something; it is just the words that I believed encompassed everything else. Each of these three words is very, very vast, and could be looked at from different angles. Speed, endurance, compassion, self-esteem, humility, everything, it's all there if you look carefully.

We could also coin something with the very acronym of *art du déplacement*, ADD. Attention, Determination, Dignity. Attention to details, to our environment, to our level of energy, to the people around us, to feelings, to textures… Determination to learn, grow, help, share, to be strong to be useful, to keep opening one's heart. Dignity: recognizing and consistently remembering our own and that of every single living being; helping fellow human beings recognize their heritage and inspiring them to actualize their potential.

One will see that picking one word that inspires us in the present, or trying to articulate through three words our global approach throughout the three times – past, present, future – are different exercises, but both equally relevant and nourishing. It's all about focus and finding the essence. And every time we seem to be reaching a plateau, every time we lose focus and get depressed, coming back to these precious tools will be of great help.

- 21 -

IT'S ALL ABOUT LOVE!

Sometimes I make a few students smile awkwardly.

What is this coach rambling about? We are here to do beasty workouts and he talks about *love*?

If you are not benevolent with yourself, and we mention many ways to do just that throughout this book, at some point the beasty workouts alone will just wear you out. You lose patience when attempting to learn new movement patterns and don't polish things up. You give yourself nasty fuels to live on and lose your joy.

If you always focus on *me, me, me*, and don't share your energy with fellow practitioners, this is not ADD. Give your sport or discipline a different name, then.

If you look at fellow citizens with contempt and resentment, you will not be tolerated for long in your favorite training locations, and lack of public courtesy negatively and directly affects the image of our discipline.

And most tangibly, one needs some love and softness in actual techniques. We are working with hard surfaces – steel, granite, concrete. Every single day. If you are throwing your aggressiveness at a concrete wall, it will reflect it right back at you. And guess what? The wall will win.

So yes, indeed. John Lennon was right!

Art du déplacement is all about love.

- 22 -

THE FORTY-EIGHT OTHER GUYS

Sometimes we hear of a "huge parkour community". They pride themselves on being fifty guys every other weekend. Fifty! Monkeying about, jumping around. When we actually get to meet this group, we find out that maybe two terrific athletes do these massive jumps – and about forty-eight other kids just stand awestruck. And that is pretty much it for the whole sunny afternoon.

That is not a community, but the illusion of a community.

The size of the group doesn't matter much. Compare the above with a tiny bunch of warm-hearted people that meet every other day, doing traverses and balance drills all together…

Of course everyone has a different level, and everyone should find suitable challenges for themselves. But there should be some shared effort; we should progress together, wherever we come from. Some actual sense of community – not just a one-way admiration, but a mutual inspiration and a global exchange of energy.

Also, a proper parkour community is indeed a proper, decent, active part of a larger community. The behavior of a large group of practitioners roaming about in the city, especially when it comes to teenagers who already have to cope with prejudices, affects the image of our discipline. Negatively, or positively – it's really up to each and every one of us.

- 23 -

LEARNING A NEW LANGUAGE

Sometimes it helps to see it as learning a new language.

There is the calligraphy – a new **alphabet**. Muscles. Handwriting drills and body strengthening. Accents and signs, suppleness, density, all those things. Just as words are composed by disparate letters, all individual movements have distinct and yet recurrent components.

Then there are some basic **grammar rules**. Conjugation. Landing on the right part of the foot and engaging the correct muscles. Not putting the knee on top of an obstacle to climb over it, and so on. Not following the basic grammar rules might affect people's understanding when you are trying to communicate. There are grave, immediate misunderstandings – screwing your shinbone – and insidious, long-terms ones – wear and tear due to a repeated bad motion.

Then there is the **vocabulary** proper. Learning new words, learning specific techniques. Just as there are many words to choose from to express a given idea, there are many ways to pass an obstacle. Some words refer to daily objects and are thereby easy to use and understand; others are categories or refer to more vague concepts; some techniques are complex and depend on many factors.

Once we learn enough vocabulary, we can start to express ourselves. First, we learn to say things like "Where is the restroom?" Then we gain more and more autonomy and efficiency. As long as we follow the basic rules of grammar, safety and courtesy, we can constantly create new phrases, express new ideas and feelings, release new information. Trying to memorize a given speech might be helpful in the early stages of training – just like the language student will often copy out famous poems just to get used to writing – but forcing oneself to continuously repeat someone else's phrases with the exact same words soon becomes pointless. And so is always yelling: if we address a large group of people we will try to speak louder with some clarity and leadership, but we will adjust volume if we are drinking tea in the quietness of a living room. Are we to do things properly – and be invited for tea next week, that is, not injure ourselves – we adjust power according to the size and characteristics of the obstacle. The greatest orators and parkour athletes have this in common: they know how to adapt.

So calligraphy, grammar rules, vocabulary. The beauty is that from some moment on we can express ourselves in any way we want: a poem, a chant, a short story, a novel, an essay.

Some words are considered bad. Some are racist – always wrong. Some others are only circumstantially bad – they are not very nice, but occasionally help make a point clear. Some movements might give a misleading image of our discipline. Some others are fine every now and then, but overused will four-letter-up your back. Some words are also just for fun. And even if we read a lot, we can always learn new words and synonyms, and some of them, no matter how many times we've seen them, we'll more or less secretly never be sure how to pronounce them.

We can borrow things from another language, too. The English word *tea* derived from a Chinese word – it came a long way, but things do evolve. In fact, history and etymology show us that most languages do naturally form with interactions. Many of the words we still use today come from Greek and Latin roots, and it's always quite fun to learn about this. Besides these actual words and common practices, we can also borrow a foreign word to express a contemporary idea – for example, in French it is common to use an English idiom every now and then; it might give a bit of flavor to your speech; but do it compulsively without paying attention and you'll soon realize that you are losing a precious heritage and that you are not speaking either of these two languages well. Parkour is not gymnastics. CrossFit is not parkour. There's just a bit of etymology. Etymology is natural and inspiration is good, but dilution is not.

On occasions, we read or hear of a long word that is supposedly profound and yet is utterly incomprehensible. Maybe it's been used in an academic paper, or maybe it's just some guy trying to impress his in-laws. Or maybe we fully understand the word and find it sounds absolutely beautiful, but would quite frankly never find any use for it.

And that's cool. Because that is precisely how wonderful it is to learn a new language: if using the words "utterly incomprehensible" and "that's cool" on the same page seems like the most efficient and enjoyable way to put a message across, then so be it!

- 24 -

RECOVERY DAYS

Once or twice a week, you can plan a recovery day. An *active* recovery day, that is.

Wholesome food. Contrast showers or a hot bath. Self-massage and myofascial release. Maybe some breathing exercises or meditation if you don't already make this a daily practice. And a long stretching session, stuffed with great mobility exercises.

If you are used to making expeditious stretches at the end of your training sessions, holding them just a few seconds here and there to "put things back into place", don't take for granted this will be enough to actually gain flexibility. Allow yourself regular and dedicated sessions.

If one is on a recovery day or feels a massive, difficult training would not be optimal, then doing a bit of light cardio or some more contemplative balance drills – like walking on a rail – could also be beneficial.

The trick is to see recovery as an integral part of your training. Believing training exclusively refers to push-ups and jumps is being narrow-minded. If we regard stretching and mobility exercises as something disconnected and somehow inferior, we will neglect a most important aspect of our health, sustainability and performance management.

Same thing in life. Learning not only occurs when burying one's nose in books; we are also integrating information in-between studying sessions, conversations and events. We go to sleep at night. We're working on the computer and then get distracted and look at some bird by the window: we are not necessarily losing our time. Just as we ought to give our body optimal conditions for homeostasis, we have to let our intuitive, subconscious mind digest and decipher. Generally speaking, we are not becoming stronger the very moment we lift, but after, when our fibers rebuild themselves. It is mostly repetition that helps build movement patterns, yes, but there is also some magic at work in rest and between hard trainings.

So don't spurn stretching, relaxation and so on.

Done properly, recovery *is* training.

- 25 -

FUN DAYS

You are feeling crappy.

It feels like you've got no energy, your body aches – which is kind of odd since you've always regarded yourself as a young person, it's like the hinges are not oiled enough – and most displeasingly, there's a cartoony little black cloud over your head.

You don't understand. Shouldn't you be in tip-top shape? You've been training a lot recently…

Well, maybe that's precisely the thing: maybe you've been training too much. There is such a thing as overtraining. Any professional athlete knows about this pitfall and knows that it does, for instance, give an eerie emotional vibe to your days. Not taken care of, it can become a more serious problem.

Overtraining might be relatively rare in parkour and ADD, despite the intensity of our conditioning sessions. There are indeed some values that give us fuel, some sense of community that is uplifting, much variety and an element of adventure, too. Exploring our limits and expanding our zone of comfort is what we constantly do. But there are ways to do that, and some ways are harder to sustain in the long run.

I have often noticed, when practitioners feel glum, that it has to do with not listening to their body, not being supple enough with their mind, beating themselves up – in other words, being obsessed with results.

When that happens, one can use the resources available in the community. Talk about it with friends. Let them cheer you up. Allow yourself to be moved, helped, or simply sad and tired. Sometimes we just need a break, too, and that's okay.

But generally speaking, when the little dark cloud appears, it's a reminder that we ought to have *fun*. Our discipline is certainly not *just* about it, but HELL YEAH it should be fun. Allow yourself such a day: exploration, experimentation. Little creative challenges. Couple of stupid ones, too. The mind of a child. Curiosity and wonder. Imagine being the mischievous little imps and gnomes you believed in and marveled at when you were young. A knight, a monkey, an Olympian hero or a contemporary dancer, doesn't matter. Drop the military mindset for a day and have fun.

Having too narrow a conception of our discipline renders it sterile. Go to a different environment altogether. Yes, there was Évry in the history of our art, but there was also Sarcelles. Our discipline is commonly associated with urban landscapes and street furniture, but try to surround yourself with the color green every now and then. See how slippery the moss is, how uneven the organic rocky formations are. Hug a tree! And it doesn't matter if you're not doing many of your typical vaults. Who said trekking wasn't an "art du déplacement"? A leafy mountain slope is indeed a beautiful, nourishing obstacle.

You could even take a couple of days off to explore a different discipline altogether. Ask the kids around the block to teach you how to play basketball and give you their tricks on how to throw a ball. Take a tai chi class. Juggle. You could be amazed at how refreshing these experiences can be!

- 26 -

ENERGY SHOTS

Great, natural sources of energy? Real food. Movement. Sun and light and fresh air. Certainly not so-called energy drinks.

But emotions also have a major impact on your energy level. Love and benevolence, for instance, give you wings, right? Not only are they contagious, such positive emotions are even shown to balance the activity of the nervous system and boost immunity.

In the context of energy and vigor, it turns out that one of the most powerful emotions, if not the most effective, is *gratitude*. The thing about gratitude, is that it is free and always available – even if it does require a bit of effort sometimes. And since mind follows habit, one can train in gratitude, develop a second nature, so to speak, that will lead to a more positive and satisfactory outlook. If you think keeping a gratitude journal or taking a few minutes to reflect on what you are thankful for is corny, think again. Studies have shown that just noting five things each day – even simple things – for which you are grateful will indeed improve your ability to discern and appreciate the positive side of things in… about twenty-one days. That's a rough average of what it takes to develop a habit and start to rewire your brain. And that is incredibly short for such a life-changing skill. Of course, one should not take these exact numbers for granted; let's just keep training and enjoy the process.

Thing is, every now and then in our training, it is sane to look back and be thankful for all the opportunities we've had so far. We've made so much progress – we just don't always see it. It's not an ego thing. Just breathe and contemplate. You have been accumulating quite a treasure.

- 27 -

DON'T WORRY

We contemporary human beings are very, very good at that. Worrying. One of our greatest skills!

Yes, some things need planning and yes, we should make sure we are well-equipped for life. Care is good, and so too can be the occasional doubt. But most of us are way above the recommended daily intake. Worrying too much depletes your energy and willpower.

Let's look at what our lives have been up to now: how many hours have been wasted worrying? Not only do things not systematically turn out as expected, but oftentimes, said some wise man, the fear is more painful and demanding than the very object of fear.

So, given the nature of any urban biped that's constantly assailed by media and bias, we are even worrying about our training. Am I training enough? Too much? Improperly? What about the size of my arms, my waistline? Why do I seem to take a long time to recover this week? Why can't I do what everybody else seems to achieve effortlessly? Am I taken seriously in the community? Should I put videos online and will people care about them? Blah, blah, blah.

Reach the daily dose – that will occur naturally anyway – then just *stop*. Don't worry, be happy, as some other guy said, surely you know him. If needed, fix yourself a timeslot to worry. Seriously: give yourself thirty minutes every week or something and allow yourself to flip out. Then breathe and come back to life. The next day, when some worry will rise, you'll just say "that's already taken care of". Or make a note: "I'll go nuts about this next Tuesday, not now."

- 28 -

BRIGHT LINES

Say you need to drive from Boston, Massachusetts to Quebec City. You will have a timeframe and know if and when you'll have to stop for gas and food. Most importantly, you will have a map. (Sorry, it's the 21st century – you will program your GPS.) And in fact, when on the road, if the speed limits and delimitations between the lanes fade or become somewhat confusing, you might find it stressful and it will require extra vigilance not to get into an accident.

Any successful project works out thanks to certain clear parameters. Unless you are very, very lucky.

Here, when talking about movement and training, *project* can mean pretty much anything, from learning a technique and developing a new skill to hosting an international event and teaching a 10-min class to a group of kids. And *parameters* can be simple, that is, simple, not vague: if you are learning how to throw a basketball, you want to put it in the hoop *as often as you can* (that is your bright line, even if there's always room for improvement), not "sometimes" (a very blurry line). Such a notion can be even more radical when working with the removal of something negative, say a bad habit: if your project is to quit smoking, you will have to *quit*, not smoke less. "Smoking less" is nothing.

This might sound rigid. But even one of the most balanced beings ever to have walked the Earth, the Buddha Siddhartha Gautama Shakyamuni, at some point became acutely aware of what he needed to do and abandon to reach enlightenment. He did not say, "it'd be cool if I'd become just a bit wiser, maybe a tad less angry" and so on. The Buddha had some very bright lines, and yet has always been as far as can be from any form of fascism whatsoever.

Surely there are areas in our movement training and in our general approach to health that could benefit from a clearer vision. What should I be working on right now, in order to keep improving and compensate for all the wear and tear? If there is a skill I would like to develop, am I actually spending time on it? Do I have a *system*, or am I just generally hoping for the best? Are there things – foods, behaviors, recurring thoughts, specific techniques (or specific lacks thereof) – that definitely do more harm than good and where I believe it's time for me to draw a brighter line?

- 29 -

YOUR GROWTH ZONE

We often hear that we need to get out of our comfort zone.

But thought of this way, this is an incomplete notion.

Picture a circle within a circle within a circle.

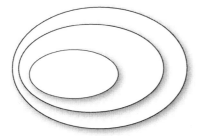

The small one is our *zone of comfort*. The daily routine. Absolute predictability. That absoluteness is of course an illusion, but the odds are fairly high and there is no or little fear implied. To a certain extent, we think of this zone as our domain – it evokes control and mastery, or something like it.

The bigger of the three circles, we will call it our *zone of panic*. As far as predictability is concerned, this is at the other end of the spectrum: we are clueless. The one end is exclusively made of habits, the other is a complete loss of one's points of reference. Ease has been replaced by anxiety. The only thing we wish for, when in that state, is to go back to our comfort zone; unfortunately, if we don't even know where we are, it is not easy to find our way back.

But between the small and the big ones, is a third circle, which we can call our *growth zone*, or our *zone of expansion*. That is where we really thrive. In fact, that is where all learning occurs. By definition, the comfort zone is the known; and while some people claim to enjoy the panic zone, since it is completely devoid of bearings, there are no stepping stones, so to speak. Here, unlike the panic zone, there are still some reference points, but unlike the comfort zone, it is not exclusively made of good old habits either.

So when we claim that simply saying "get out of your zone of comfort" is an incomplete notion, it means there are ways to do that, and ways to define and stay in the growth zone.

But first, let us contemplate that just as the middle circle is much wider than the smaller one, the growth zone is, symbolically, much wider than the self-made prison. Also, since it is located between comfort and panic, it means that it can provide a way back from anxiety and despair. If we are panicking and trying to come back to the place where everything is known and safe, if will be tough to find the road – in fact, we probably won't even see it, it would be like being in Mexico and hoping to arrive in Canada by crossing the border. And if sometimes it *is* wise to rest a bit (we train, among other things, to expand our zone of comfort, and maybe dissolve it altogether in the end), generally speaking, the bigger the trauma, the more we'll need a buffer, a place where we can learn, understand and grow.

So how does one properly leave a comfort zone? *By changing a parameter or two.* In training, there are countless parameters: length, height, speed, sound, area, texture, angles, approach and exit, visibility, distractions, weather, stress, fatigue, endurance and repetitions, things we carry, types of clothing and the use or lack of shoes, handicaps and limbs to use, working with partners, movement sequences and hybrid techniques, and others that we'll let the reader discover throughout the years. Never changing any of those and always doing your cool vault in the exact same conditions is not ADD, needless to say. Comfort zone all right. Change a couple of these parameters every day, juggle with them, and you will improve. Growth zone. Change too many simultaneously and you will risk facing problems and regression. Panic zone. It's all about balance. There is a limit to the number of balls with which one can juggle.

Here the bridge between parkour and life is obvious. In fact, wisely getting out of one's comfort zone could be anything – for some, it could be reading a whole book, for some others it would imply to travel or go beyond timidity.

Find your zone and bloom!

- 30 -

PLAYING WITH PARAMETERS

We talked about parameters in the previous chapter.

It is also about renewing our practice and our training locations.

Often I hear practitioners, either neophytes or "experts", claiming that their neighborhood is rapidly drying up, like some sort of artificial pool that has a very limited amount of water.

But that's the thing: our practice is not a limited basin, like some piece of porcelain, so to speak, but more like a vast well that goes straight to ground water. Or a healthy lake. Our very discipline is organic, constantly evolving. Yes, the walls and slabs of concrete are man-made, but somehow we practitioners come to see them as full of life. Of course, if there is a long period of drought, our well might temporarily dry up, or the water level in the lake might lower; but if we take care of the environment, it might very well last for a surprising number of generations and benefit the whole region.

So we have to explore new training locations. Take our backpacks, jog in a novel direction, find new spots. That is one of the most enjoyable things about the way we train. And in fact, sometimes we don't have to go as far as we would think. But we should also become masters at renewing training locations. And that is usually done by changing parameters. For example, a parameter that is so obvious it is too easily forgotten, is the general direction of the routes we take: somehow we always come back to straight lines. But approaching things diagonally or with curves changes everything. So is completely changing direction mid-way and so on.

For me, it first took a few years to really learn the fundamentals. Running jumps, precision jumps, plyometric jumps, wall climbs, basic vaults and rolls, etcetera, etcetera. Then at some point I started to look for the "awkward jumps" and challenges. Jumping over something to catch something else, landing sideways on a tiny edge, departing from one foot, combining unusual strides, doing *quadrupédies* in odd places, slowly progressing in a super narrow space, all the weird little traverses that were invisible beforehand…

I sort of became obsessed with all these little awkward variants that one would never see in a "parkour manual" of text-book techniques. And suddenly, this mindset opened so many possibilities. Opportunities were everywhere, including in the most "exhausted" spots. It brought me and my friends a lot of joy and made us progress considerably.

So learn to renew spaces. That is a *skill* that can be developed, just like any other skill. Let things rest for a little while when needed. But then come back with a new pair of glasses – or with a new friend. For in parkour and ADD, no lake is completely exhaustible.

- 31 -

CONSTRAINTS, KINDLING

In 1960, several French-speaking writers and mathematicians gathered together and founded *Oulipo*, short for *Ouvroir de littérature potentielle,* which we could roughly translate as *Workshop of potential literature.* They meant to "seek new structures and patterns which may be used by writers in any way they enjoy". That crazy bunch has authored an incredibly vast number of texts; but the most important idea in their philosophy is to see constraints as means of triggering ideas and inspiration. *Every* artistic creation comes from constraint – if you mean to paint, for instance, you are at the very least limiting yourself to the act of painting, and not writing a novel or composing a melody. And oftentimes, the more constraints there are, the more creative the work of art is; the more clever the solution. The Oulipians thereby referred to themselves as "rats who try to get out of a labyrinth they themselves have created". Georges Perec wrote an entire novel without a single occurrence of the letter *e*! In one of his most influential works, *Exercises in Style*, Raymond Queneau retold the same story 99 times, using a different style every time.

How inspiring can that be for an ADD practitioner?

How can one of the basic premises of our philosophy – that we can thrive on obstacles – imbue other aspects of our lives, to the point that we befriend the very notion of constraint?

If we come to see constraints as kindling for creativity, whatever the situation is, it will be easier to focus on the solution, and with joy.

- 32 -

THE MOST "EFFICIENT" ROUTE?

We often hear that parkour is all about "moving from point A to point B in the most efficient manner".

Maybe that ultimately, for a real master – not just a talented guy but a *master* – there are no points A and B whatsoever. Maybe they don't matter, or maybe there has never been any real distinction in the first place. But that is not the issue here. Let us study the second half of the phrase. "In the most efficient way."

What does it mean, to move efficiently? When we ask that question, *speed* is generally the first criteria that comes to mind. Instead of slowly skirting around an obstacle, we want to vault or jump over it. Fair enough.

Then, *economy* often comes next. Instead of burning up all of one's energy in a futile and awkward attempt to climb a wall, we want to use a technique that has been duly studied and honed and have the proper strength and mobility to do it well. Absolutely.

But that is not enough. Speed and economy are not enough for something to be efficient. Imagine there is a technique that would be very fast and, if successful, would be a good use of one's energy, but would have 50% chances of ending up badly and breaking a limb of yours. Would that be efficient? Not really. So *speed*, *economy*, and *safety*. Which naturally leads to another criteria: *consistency* (and so *predictability*, or *reliability*). No matter how many lottery tickets you buy, this is not an efficient or reliable way to pay your rent. A good, efficient vault, could be done many times in a row with consistent results. A cool move that relies for a large part on chance is not what we call a "technique".

But let's pursue our little investigation here.

Anybody who has seen us train, climbing a staircase backwards on all fours, will feel that we have a very singular notion of efficiency. Not only walking as usual would do the trick: taking the elevator would be the top of the top. That's *reliable*, isn't it? Well, *that depends on what you want to rely on*. Unless one really needs to, we might say that resorting consistently to such things as elevators is basically relying on habit, inertia and in some cases, laziness. It really depends on where you're standing.

So not only are we not skirting around the set of rails, walking like everyone else in a most predictable, reliable way, we are literally spending hours with it. Efficient? It's a debatable point.

Sure – for some reason that's an argument we always hear – if there *is* a zombie invasion, qualified parkour athletes will have better chances of survival. But let us face it: besides a tiny number of us who are training for actual law enforcement purposes or in the context of a very real war (all jokes aside there is nothing to fantasize about the latter), very rarely will we have to use our techniques in life-or-death situations. Yes, the coordination, the balance, the strength, the growth mindset, the friendships, all these things, will help us every single day and very tangibly enrich our lives. But "moving from point A to point B in the most efficient manner" will rarely be an issue. And even if it were every now and then, the fact remains that for hours and hours and hours, we are simply *training*. That is why it is so important to be able to enjoy the process. Because that is what we do. We train.

So what is "the most efficient way"? It is the most efficient way… *for you*. It is the way that you strongly believe will bring you joys, challenges and rewards. Yes, it should be part of our training to find the quickest route on a given set of obstacles. But who said the idea of "efficiency" needed to be exclusively about the physical itinerary? *The most efficient way is whichever one, here and now, will make you grow the most, you and your training partners.*

- 33 -

MANDALA

Martial arts evolved into thousands of different schools. Some are considered "harder" and others "softer", some are said to be "external" and others "internal", some are inspired by Buddhist thought and others by Taoism. Some are a mixture of all the above. Some focus more on the martial part, some more or the art part; some on the mind, some on the body, some on uniting the body and the mind, some on philosophy, some on alchemy, some on community, and so on.

Say what you will, art du déplacement, albeit relatively young, has already started to evolve into different schools. Some are immature, some are only about performance; some are about nourishing the ego, some are about dissolving the ego; many lack a real system. Just "having fun" is not a school. Even the most controversial Epicureans and the most whimsical philosophers of old knew how important it was to reflect and meditate; nowadays many youngsters don't. All this is natural and things have a way of figuring themselves out; the waves fade, as the saying goes, and yet the ocean stays.

Amongst these many schools, some will use new names, new words. This will be unsettling for many older practitioners. Some teachers will bring unexpected science, and some others a most profound philosophical meaning – esoteric teachings even. There is no point in denying it; things evolve, and our discipline is as vast as the sky.

Some of these inner, spiritual teachings, very few people will be qualified to transmit them properly; that is not due to an elitist approach of spirituality, quite far from it, but in order to assure an authentic transmission, we will need a rare mix of real life experience and clarity of view. There will be both fake gurus, laughable hypocrites, opportunistic businessmen – and brilliant, brilliant people. It happened in the past and it will happen again.

And amongst these most solid, profound teachings will surface the idea that *parkour routes are akin to mandalas.*

A mandala is a representation of the Universe, common in Buddhism, notably in the Tibetan tradition, but also in Hinduism and other schools and cultures. Oftentimes, its basic form will be a square with four gates, containing a circle with a center; the whole is precisely *whole*, for it symbolizes unity and balance. A mandala might be used as a spiritual guidance tool, or for establishing a sacred place; in fact, after a while – usually years – the meditator comes to see both this "microcosm" and the macrocosm as equally sacred.

At some point in his life, Carl Gustav Jung – one of the founders of analytical psychology and a prolific writer who has been influential in the fields of psychiatry, philosophy, religious studies, anthropology, archeology and literature – started sketching every morning in his notebook some small circular drawings. "They seemed to correspond to my inner situation at the time", said Jung who somehow felt he needed this. "Only gradually did I discover what the mandala is: […], the wholeness of the personality, which if all goes well is harmonious."

In other words, mandalas help reorder inner life; the process leads to a better integrated personality and a more unified, benevolent, appreciative view of the world. The French philosopher Fabrice Midal has recently been writing a most beautiful book on the subject.

When on a parkour route, we are always travelling towards the center, so to speak; towards ourselves. That is, optimally, and metaphorically. The actual direction does not matter.

In a previous chapter we have stated that making everything about ourselves is one of the foremost ingredients of an infallible recipe to be unhappy. The teachings on the mandalas are not about this.

The more we travel towards the center, the more we realize that there are no differences between the center and the surroundings. The more we travel towards ourselves, that is, towards more authenticity, the more we develop understanding and love; the more we realize our interdependence. It is not about ourselves, quite the contrary. It is about everything. Not about a totality – that would be the mere addition of separate parts – but actual *unity*.

Sounds idealist and cryptic, surely.

Truths are beyond words.

- 34 -

THE THING WITH THEORETICIANS

"In the time of the sovereign Ho Hsu, tells us the Taoist master Zhuangzi from the 3rd century BC, *people stayed home without being concerned about what they were doing; they went out without being concerned about where they were going. They were merry to have food in their mouths and went about patting their bellies. People were able to simply enjoy life.*

Then came the Saints – bowing down to rites and ceremonies as though they were out to break and rectify the men and women of the world, righteous with their concepts of benevolence and justice as though they were out to comfort the hearts of the men and women of the world. It was only then that people began to feel that what they thought of as good was actually distorted: people, for the first time, learned to stand on tiptoe and covet knowledge; they began to struggle with one another in their desire for gain and profit, and to these struggles there was no end. That was the crime of the Saints."

Beware of even the most brilliant books and teachings. For naming things does not necessarily make them more real; an ounce of practice, so goes the saying, is worth more than a ton of theory. There is also an old joke about philosophy: "the philosopher's task is to take something simple and make it really complicated."

We can bet that many of the founders and real masters are skeptical of approaches that are too intellectual. There are reasons to that.

- 35 -

RHYTHMS

There are natural rhythms. Cycles, like the seasons and the passing of days and nights.

Flouting these rhythms and then consistently beating oneself up is the way of the unhealthy.

Train, eat, rest, sleep. Laugh, read, share, confront ideas, integrate, spend time alone, spend time with friends. Indoors, the great outdoors. Adjust training. Adjust training. Adjust training and so on.

Our bodies and minds have needs. Our friends, our communities have needs.

We need to acknowledge these rhythms. And the only way to do so is *to listen*.

Who knows, we might even come to hear a most beautiful tune!

- 36 -

FORM PATTERNS, BREAK PATTERNS

And yet sometimes it is great to break the rhythms.

Jogging at a consistent pace for miles is a workout.

Constantly changing the pace with obstacles and so on is a *challenge*.

Even good runners and athletes with extensive backgrounds find our training exhausting.

We need patterns. We constantly form patterns – we learn new movements, develop great new habits. But that is not everything there is to it.

I've met a writer who teaches at a comedy school. "The young stand-up comedians-to-be", she says, "they come in and want to break the rules right away. Explode the frame with originality and so on. I always have to remind them that in order to successfully break the rules, first you have to learn them."

So study the rudiments. Don't skip on safety. Take years if you need to. The most original painters first learned their craft; their inspired works of art did not just come out of nowhere.

So form patterns. Countless patterns.

Then one day, in your movement practice that is, break some.

Habits have a way of taking over everything. Reclaim your freedom. Be that "exuberant animal", as my friend, the author Frank Forencich, would say. Be creative in your approach to training. Be yourself (what most of us call a "self" is a temporary, composite, constantly evolving, illusionary thingy anyway), and keep exploring.

- 37 -

EVERYTHING CHANGES

The City.

The routes. The obstacles. Landscape. Nature. Matter.

The season. The weather. The time of day. Luminosity, visibility.

Our mood. Our health. Our strength.

Society. Friends. People we perceive as enemies. Us. Them. Conceptions of "I", "us" and "them".

Habits. Emotions. Experiences. Energies. Resources. Dreams. Needs. Ambitions. Generalizations. History. Mastery. Broad outlines and minute details. Strategies and cluelessness. Knowledge and techniques. Inspiration and transmission. Our understanding of impermanence. Our understanding of why meditating on it is so important and how it is not gloomy, not at all.

- 38 -

ON AGING

The body gets stronger and stronger – and then, at some point, strength seems to diminish.

But what is strength, really?

Seeing strength as one's quantifiable ability to lift and push a given number of pounds or kilos is a narrow view.

Someone who has lost an arm, someone whose capacity to walk is impaired, someone who is brilliantly fighting cancer – all can be inspiringly strong.

Were we to age well and manage to avoid accidents and illnesses, our body would still change. Our mind, too. Our senses and perceptions, our balance, our learning curves, our memory and so on.

Of course a healthy, active lifestyle fueled with nutritious food prevents many undesirable effects of aging. But life evolves.

The trick, then, is to see maturation as the possibility of an unfolding of our true nature, not as an ever-constraining process; it is to not obsessively compare our performance with the feats of the youth. Our desires, needs and sensibilities will differ anyway. So will our notions of risks, intensity, durability and so on. *And it is perfectly okay.* We can still train. We can still move, enjoy challenges – scale, when it comes to challenges, is totally personal and subjective – work on balance, mobility and all the rest. We can still train with friends and enjoy life in a community.

In fact, for many people, their circle of possibilities seems to drastically shrink at some point, and all the while fears seem to increase. Sadly, countless elders withdraw from "the dangerous world" outside, deeper and deeper into old habits, and the fears tend to further feed prejudices and cognitive distortions. But the ADD way is different – it is based on courage, curiosity and joy.

Of course, you might notice that you enjoy reading more. Walking. Or gardening. Or more contemplative activities. And that is okay, too. For that is part of the process, part of life, and thereby part of the ADD path. Because even if your body is not as strong and rigorous, your mind can become more resilient and serene; your view can gain in strength and clarity. One of the most powerful qualities in ADD and martial arts, for example, is humility; oddly it seems incredibly difficult to develop a genuine humility before a certain age.

In life in general, and in training in particular, we have to learn to identify and let go of the superfluous as time goes by. What remains – the essence – will beat for as long as our heart does. In fact, if it is based on love, service, authenticity, and a correct view of strength and energy, all of which are components of what we call "essence" herein – and especially if we have kids, students or relationships with our community – it might beat for a long, long time afterwards.

- 39 -
NOT IN THE MOOD

Life as a writer implies many hardships. As I am writing this, I have published a dozen books – mostly in French with major publishing houses in Quebec, Canada – amongst many other projects, and still, making a decent living out of it exclusively is a dream. It's been years and yet I still do it, and whatever happens I intend to continue for quite some time. Because I know some of this stuff can benefit readers out there. And because, despite the struggles, I really do enjoy the very act of writing. I love it. In fact, if for some reason I don't write for just a few days straight – and that does not happen often – I kind of feel weird.

Same thing happens with training, right? It is packed with challenges and difficulties, and yet we enjoy it, and know it has countless benefits. If we don't do it for a while, we might not feel good. Simply put, our body is *made* to move and enjoy a wide variety of challenges.

But some days, despite all that, we are just not in the mood. And this morning feels like such a day, for me as a writer. Curiously, I want to train. But I know I will train later on and that now is the time to write. Curiously, everything gets in the way. Even doing the dishes seemed more fun. I vacuumed. Exchanged text messages with the girlfriend. Did my morning meditation. Now I would really like to read: I already have a lovely tea and a great pile of books. Or take a walk. Yeah, let's take a walk.

Ahem. I am well aware that there is such a thing as *creative procrastination*. Letting the intuitive mind do its magic. Sometimes it is actually very beneficial. Strong-arming yourself to write this important email at an uninspired moment might produce tactless results. And of course, if we're patient a bit, we might realize some things don't even need to be done at all and sort of fix themselves naturally. *Some* things anyway. But that is not what this morning is all about. I have to face it: my avoiding my desk is a product of pure laziness.

There is a simple solution to that.

It's called the 5-minute (or 10-minute) takeoff.

In short: just start.

Pretend. Go ahead. Just start anyway and let the flow catch up with you. Because almost every time, it will. It is like magic. Seriously. The brain, the nervous system, the bodymind – if we've done something often enough, it'll just understand and accept its mission. Give it some gratitude and let it do its work. Just start the engine.

Same goes with movement. One typically has no idea how true that is: just doing a bit of light warm-up, or fun movements, dancing or something, will switch you on. That is indeed one of the goals of any good warm-up: not just to prepare the body, but to ready the mind and to fuel the mojo.

Sure, there are other ways to motivate yourself. Contemplating the benefits of your practice. Treating yourself to something after a while, why not? Praying, asking for some assistance, calling a friend or thinking about inspiring archetypal figures. Taking things more lightly and focusing on the joy part for starters. Precommitment. But one of the most efficient ways to beat procrastination is indeed the 5-minute takeoff. The only way to stop not doing something is to start doing it. Then let the second wind and the satisfaction take over.

- 40 -

THE BASIC ELEMENTS

"The basics" – what are they? Most people think we mean beginner exercises. The easier variants, the baby steps. Or maybe some think "the basics" refer to the guidelines of a given technique: put your hands like this, step using this part of the foot, then rotate and catch the rail. But it is worthwhile to study what, really, are the basic elements of movement.

In a brilliant little article titled *How to Work on the Basic Elements of Bodyweight Exercise,* Jarlo Ilano from Gold Medal Bodies sums it up. When we mention the basics, we are talking about having appropriate amounts of three elements:

> ➤ Strength

> ➤ Flexibility (or Mobility)

> ➤ Motor Control

That's it. Strength, mobility, control. If you can determine where you need those, how and in what amount, you can always find a progression that leads to success and mastery. Any exercise can be broken down to these three elements. It is crucial to be aware of that.

Of course, in ADD we also talk about coordination, agility, power, balance and so on. But in a specific movement the three basic elements will predominate, and in fact many other qualities can relate to one of the three. For instance, balance can relate to control.

The GMB article goes on with the example of the good old push-up. To complete a push-up properly, we need strong and supple wrists to hold ourselves steady. Our triceps, shoulders, stomach, back and so on need to be strong and coordinated enough to push ourselves off the ground. And of course, we need some control to do it well.

Curiously, we always see the push-up as a strength exercise and forget about its elements of flexibility and control. Often, we can tell there is no reason whatsoever, strength-wise, that one can't complete a push-up properly, and that it is, in fact, due to a lack of control and coordination – it is not that the muscles are not strong enough, but that the student does not solicit them properly. We even have cases where the hindrance is the lack of mobility in the wrists; just trying to get stronger and stronger chest and arms will not cut it, but fixing that simple flexibility problem at the wrist – the weakest link – might change everything.

So whenever you struggle with an exercise, break it down into these three basic elements and identify where work needs to be done for you to get into the starting position and move into the next.

Think about your definition of *functional anatomy*, too. Your goal may be, for instance, as simple as to be able to sustain your own weight in all circumstances. Or "intelligently", that is, with nothing superfluous (less impact and so on). In any case, in your general approach to training, let attributes predominate over ossified techniques. It's not the xyz vault that you need, it's the qualities that make any vault a possibility. If the basics are taken care of – if, for instance, you don't skip on the mobility and control elements by just relying on brute force – then real progress will come about smoothly!

- 41 -

CONDITIONING *VERSUS* TECHNIQUE?

It is troubling how many see a cleavage between conditioning and technique. Enough with the body toning for today, one might say, let's do some "real parkour". But where has it been said that conditioning was *not* parkour? Or even that it was incidental or of secondary importance?

An expert comes to reconcile both elements. We equally need to work on both, and in fact at some point they will fuse. That is one of the reasons why quadrupedal movements are so interesting: they perfectly encapsulate this union of physical and technical aspects.

Many civilizations, when entering the modern era, came to distinguish between career and spiritual life, the mundane and the sacred, to the point that the values found in the latter could hardly travel to and nourish the former. Let us not do that; let us preserve our discipline, keeping it whole and healthy.

- 42 -

THE MOMENTS IN-BETWEEN

The Moments Between is the title of a photography book by a talented friend from the UK, Andy Day. With two devoted practitioners, Thomas Couetdic and Chris Rowat, Andy hopped in an old Citroën and travelled through Italy. Breathtaking pictures, quite unique in their composition and clarity.

The moments between what? That instant, both infinite and ephemeral – that *non-moment* that defies time and gravity, when we are in midair? Between kicking off the ground and landing? Maybe. Maybe it's the moments between training sessions, or between non-training sessions, it really depends on how you see it. Or maybe it is the larger gap between any departure and any arrival, or between a departure and a return, like in the case of the three pals visiting a foreign country. Or maybe it's something else altogether. Or all these things.

But let us go a bit deeper.

That moment, say the quintessential moment in a big running jump, *can* be a moment of pure mindfulness. You are entirely there, precisely in the moment, *at the same time entirely responsible and not in control, and you are* (or need to be) *at peace with this.* Interestingly, we both go and let go; this seems to be the only possible direction to go to, it feels *natural*; and although we realize there are countless factors at work, we stop referring to our conceptual mind for a moment, be it a tiny, tiny moment.

In Buddhist teachings, in the Tibetan tradition especially, we talk about the *bardo*, a Tibetan word that means "intermediary state", or "in-between state". It often refers to the state between two lives – in other words, after one's death and before one's next birth. For a qualified meditator, this is said to be a particularly potent occasion to put the teachings into practice in order to attain enlightenment. However, *bardo* has a much more profound connotation: there are numerous types of intermediary states, that of dreams, that of meditation and so on, and each one offers a wonderful opportunity for spiritual accomplishment. And the more we study the *bardos*, the more we come to realize that we are *always* in an intermediary state, and as such, genuine happiness, love and understanding are always within our reach.

The traditional teachings on the *bardos* are vast, profound, and best received from a qualified teacher. I do not mean to oversimplify such a rich tradition. But I think it is something worthwhile to put into perspective.

Do not get too attached to the delightful sensations that these moments in-between can provide. It's not meant to be used as a drug. But do realize how beautiful and poetic they are, and how powerful and meaningful they can be.

- 43 -

JUST ONE MORE

"It's just one more", my friend Chau Belle likes to remind us. It's been a vertiginous number of push-ups already, but don't get hung up on the number – it's just one more. Just focus on that one.

The total numbers do not matter much. It could be 17 or 238, but do stay in the here and now.

You are alive.

You breathe.

You are not alone.

It's just one more.

- 44 -

THE APPROACH, THE CLEARING, THE EXIT

Often, we seem to perceive just one temporal phase in our technique, in our vaults specifically: the actual clearing of the obstacle. However, the vault is not over when our body is above the obstacle; it is still not over when our body is in midair *past* the obstacle; and it is not even over the very millisecond our feet touch the ground. It is over when we've landed properly with stability, or when we've started running again.

In fact, there are three phases to any vault:

> ➢ The Approach
>
> ➢ The Clearing
>
> ➢ The Exit

The three phases are important.

A narrative with no introduction and no end would not be called a "story", but a "picture" or a "vignette". A stark opening and an open ending are perfectly acceptable; in fact we can be really creative; but by definition, a story with no beginning and no end would make *no sense*. Literally no sense, no direction.

Give your training a direction. Do not neglect the first and last phases and you will make progress.

Sounds obvious? Maybe. But look around. Maybe even film yourself. Just to see. You might notice that the real ease is only in the clearing proper, and that our very definition of "vault" is narrow. Oftentimes amongst beginners – and many so-called "talented" guys – we are so focused on the clearing, that once we're past the obstacle, albeit in midair, we get excited and lose our mindfulness. It's a matter of microseconds. Seeing things as a whole will help.

- 45 -

ON FLOW AND CONTINUITY

In parkour, we often consider "flow" as the mark of an expert. A mix of spontaneity and mastery of techniques begets efficiency and gracefulness. Flow is an ideal.

However, *it is not because something is an ideal that we can't begin to distinctly train it.* Even if we are beginners. Seeing things as unreachable tends to preserve the distance and undermine our confidence. If ideals were not developed through training but somehow granted like a boon from above, then it would make no sense to try to develop love, compassion, patience, wisdom and so forth. We need to start where we are.

So beginners and all practitioners alike can work on flow. And in fact, the sooner we start, the better, even if our vocabulary or array of proper techniques is limited. It can even be a good thing not to be under the diktat of technique: we can have "flow" when things are honed and thought-through, like choreographies, but true spontaneity is even be better. Look at the way Yamakasi founder Yann Hnautra moves: some could argue that on occasions, techniques are not "textbook", and yet spontaneity, along with grace and efficiency, are definitely there. Watch how Saša Ševo from Croatia moves. It took me years to realize this: however obvious is this teaching on the importance of spontaneity, I've focused a lot on technique and forgot to let go a bit.

So work on flow with specific techniques and combinations of techniques. But also develop the habit of taking a route and going through it, naturally, spontaneously.

Make it so that the end of a motion is the beginning of the next. In fact, the trick is to stop seeing things as separate, independent. Change your perception, and drop your concept of "this stops and *then* this starts". Of course in life there are transitions, things slow down or occasionally come to a stop; at times we need to hasten, at times we need to rest and digest. But *there is always a connection and things never are completely autonomous or independent.*

Your blood is flowing. Your breath is flowing. The winds, the oceans and rivers are flowing. The seasons are flowing. Everything is flowing.

- 46 -

TESTING, TESTING

My friend Nicolas St-Pierre has always amazed me. In fact, I think he has always amazed everyone. His parkour skills are very high. He is light, bold and agile.

One day he showed me a jump he had been meaning to do. A very long running jump. In fact, I seem to be considered a broad jumper myself, yet I looked at this and saw an arm jump – while the man meant to land on *top* of the wall I was even scared to try to catch with my hands. It gives you an idea.

The fascinating thing is that, however bold some of his jumps and movements were, I have simply never seen Nicolas get injured. In fact, I'm always prattling on about prevention and yet I believe I have been injured more often than he. That barely happens anymore anyway, and of course Nic has been training in parkour proper longer than me… But there must have been something else. He was certainly not doing more conditioning or physical preparation than me. Was he more focused? That is impossible to tell, but I don't think that was the issue.

I came to believe there were two main reasons for his consistency in not screwing up badly.

Firstly, he has been doing a lot of bail training. In fact, his brother Jonathan and he had the insight of making bail training a fundamental part of their training in their early years, walking on a rail for hours and deliberately falling and catching it, and so on.

Secondly, Nic is, in his own words, "a tester". He is putting his skills, the environment, everything, to the test. Again and again and again, until he is absolutely confident he can do a bold jump properly. Sure, he is wonderfully capable of spontaneity and can run throughout the city efficiently and without having to wonder about every detail – his zone of comfort has been greatly expanded throughout years of training. But when it comes to a jump that scares him, he takes his time. The one he showed me that day – he went to see it practically every week for months.

Sort of became friends with it, I guess.

- 47 -

SURFACE CHECK

Maybe you've vaulted over that rail a thousand times last season, but maybe its solidity has been affected by frost and thaw this past winter. That aluminum thingy looks solid, that piece of wood looks dense, that rock looks adherent. Better check, though. Always check the material.

Specifically, the surface. And curiously, not just for safety of the immediate situation – in fact, it should even be part of our training occasionally *not* to test with our foot and just trust our sight, our intuition, and our ability to bail and adapt. But checking surfaces, touching textures, actually nourishes us and our practice. Many contemporary human beings are unconsciously losing their sense of touch – being constantly in contact with plastic and flat things – but that sense is of foremost importance in parkour and ADD. We should become like that master cabinet-maker who can immediately recognize any species of wood, or like that seasoned cartoonist who knows everything there is to know about paper. A parkour expert should be a connoisseur in textures as well. Just like nutrients, ideas and friendships, textures should feed us; we are ideally positioned to appreciate the subtleties and, are we to progress and stay healthy, we need a vast array of them.

Many people, at some point in their lives, start to feel the need to *touch* things, organic matter specifically. That is one of the reasons why so many people suddenly become part-time gardeners past fifty or when they retire. And that need to touch does not only relate to the living things: an older man or woman might contemplate an unusual branch of dead wood or a pretty pebble that came ashore. Elders and kids do that. In-between, few adults take the time. Ingenuousness and wonder at the beginning, wisdom and contentment much later, but in-between, pressure, alienation, deadlines and statuses. *A parkour athlete refuses to get lost in-between.* She reconciles both ends of the spectrum. And one of the ways to do just that, is to start with the senses. The sense of hearing and that of sight are often assailed – so we touch things. We become more mindful of the life around us and within, one texture at a time. One steel pipe, one slab of concrete, one tree trunk, one gravel path, one beautifully unique boulder at a time.

- 48 -

RAINCHECK

"We'll take a raincheck", as goes the expression in the United States: it will be for another time.

But rain is just another obstacle, right? And central to the philosophy of our art is *to thrive on obstacles* and learn to *do with what is.*

Rain is a natural phenomenon, and ADD embraces all natural phenomena. Yes, in the heart of wintertime in Quebec, we do have to train indoors; yes, I am sure that during heat waves in Texas one should be careful. But rain is usually not that extreme, it is part of life and ADD precisely dances with life. Rain gets us out of our comfort zone, right into our growth zone; new flowing movements can be unlocked on the slippery surfaces; grip and balance are solicited more than ever. After a while when you can't get any wetter, there is a delightful sense of freedom, and one progresses towards actual mastery of movement.

So what's a parkour raincheck? It's to go out and check what great opportunities rain has in store for you.

- 49 -

WORST-CASE SCENARIOS

When I was a child, at some point my mom was press attaché for an important political figure. She told me that one of her many tasks was to envision the worst-case scenarios. Always be ready for the worst. Interestingly, she and her colleagues often used these very words, *worst-case scenario*, even though it was a Francophone environment. I guess apocalypse has an international ring to it!

In training, and especially when we are about to "break jumps" – that is, committing to jumps that are demanding and somehow scary but that we know are within our range of competence – we may start to think of these worst-case scenarios. But is that advised?

In essence, after careful assessment of a jump, we simply don't do it if we deem the stakes are too high. However, if we only focus on the *worst*-case scenario, then the stakes will always be too high, whatever we do. "I could go for a stroll, the worst that could happen is that I could twist an ankle on the pavement, uncontrollably fall on the side of the street at the exact moment a bus drives by – I could die!"

Of course, we should choose our jumps carefully. Falling on syringes is not cool, right? A good chunk of our discipline is to feel, assess and choose: routes, angles, techniques, amount of power and so on – so many options from which to choose. If that jump is too risky, don't worry, there are countless others out there. You've got the whole city. (Or hey, the whole forest, the whole mountain.)

Always thinking of the worst that can happen, however, begets anxiety and paranoia. Focusing on the farthest end of the spectrum of risks can distort our perception of a jump – and so can an exclusive focus on fun and performance. What we want to do, is to make our assessment of the situation as objective as can be. *Our awareness of the risks should not trouble our mind, but make it more focused.* Theoretically, the nuance seems vague, but practically it makes a major difference. This is the difference between inspiration and agitation, between mindfulness and presumption.

Oftentimes, the mature and helpful thing to do is to wonder, "if I am to bail this, how can I bail it properly? Can I catch this rail?" and so forth. This preps the bodymind and instructs it that there are reasonable alternatives between the "perfect" jump and a concussion.

Visualizing ourselves succeeding is helpful.

Visualizing ourselves bailing safely is helpful.

Visualizing ourselves getting injured is usually counter-productive.

- 50 -

ON CONFIDENCE

Alexandre Jollien is a writer and philosopher from Switzerland. Born in 1975, he spent seventeen years in an institution for people with disabilities. The man knows about frustrations, hopes and fears.

In a beautiful chapter on determination, he reminds us of Aristotle's idea that we only get virtues by exercising them. "And thus", goes on Jollien, "it is by doing small acts of confidence that we become confident. For quite some time I've thought, 'When I will be confident, then I will do acts of confidence.' But it is the other way around. It is by trusting life just a tiny bit more every day, that little by little confidence unfolds."

Our discipline, breaking jumps specifically, works in the same way. Often, we are secretly hoping that one day we will be strong enough, skilled enough, and that from that moment on we will never be scared again. But this is vain. It doesn't work that way. David Belle himself once said something like, "Our training does not make you completely fearless. That is not the point."

We just evolve. Whoever understands the psychology of breaking jumps knows that there is no "end". There is just the path.

"It is an alienated desire", concludes Jollien, "to think we'll progress once and for all."

So confidence, you have to build it. Little by little, day after day.

- 51 -

FINDING YOUR THING

ADD is not only about us. And yet it *is* about us. It is about finding and understanding ourselves.

The Ancient Greek maxim "Know Thyself" was inscribed in the forecourt of the Temple of Apollo at Delphi. It has been attributed to a bunch of ancient sages, including Socrates, but this is of little importance: it surfaces from a much wider, universal source of wisdom. If you want to understand the world around you, look within. And it is not about building a stronger ego, quite the contrary: if you look within properly, you will at some point see how that very ego is at work, and how only a more compassionate life and a better understanding of interdependence can lead to genuine happiness.

In ADD we help each other, we share energy and learn from one another, but we don't judge others and indeed, we still look within. We are not trying to become someone else. We are not trying to mimic. We want to find our own path.

During the earlier stages of training, it feels like we are not yet qualified to express ourselves completely, genuinely, spontaneously and with personal nuances. Remember the "learning a language" analogy? Often, we see our training partners passing an obstacle brilliantly, and it feels this precise motion is not right for us. We feel incompetent and rather incomplete. And yet we know, deep down, that we are not a total failure. But what is *our* thing, really? We want to express ourselves and, in order to do that, we need to find our voice.

A simple exercise to do just that is to visualize two circles (actually drawing them might make it easier). Like this:

In the first area are the things you enjoy the
most. Not necessarily the easiest ones –
we are talking about joy and fulfillment.
In the second area, the things you are good
at. Again, not the easiest, but the types of challenges and movements you know you can do with consistent results. Problems for which solutions naturally come to mind for you.

The **area in the middle**, that is shared by both circles, compiles your strongest vocabulary, so to speak. That **is *your* thing**. Oh, it is not exhaustive and it will change, but it is nevertheless a good starting point to find our voice, and the exercise can be very gratifying during the earlier stages of training or whenever we seem to be lost.

Interestingly, many people stick to the first circle – the things that they enjoy. Many of these things they are not qualified for, and yet they keep going for the fun of it, not realizing the wear and tear they inflict on their body. Other people curiously stick to the second circle – the things they are good at. They become obsessed with results and the pure, child-like pleasure fades away. As we will see in the next chapter, if you only focus on the things you are good at, you might improve that specific ability (your standing jumps, for example, will become longer and longer), but your training will not be complete in the ADD sense of it. In both cases, it feels like an incomplete personality.

At times, such an exercise with the circles can be useful in life. For example, people who are unsatisfied with their current career can do it, and can even add a third circle: the things the world needs most, or the things out of which you can get an honest salary. In ADD, taking into consideration the needs of the people you train with and of your larger community, especially if you are a coach, is of foremost importance. If you can finally find your spot, at the meeting point of all three circles (joy, competence, service), it might very well revolutionize your life.

- 52 -

SHOULD YOU BE WORKING ON YOUR STRENGTHS OR ON YOUR WEAKNESSES?

We said that it is sometimes worthwhile to find "your thing", right? And there are some philosophies, mostly in the world of business and entrepreneurship, where we are told to identify and capitalize our strengths. Focusing on our weaknesses, so we are told, would be taking the slow path.

But that is precisely the difference between a discipline of self-improvement and a business model. In parkour and ADD, we work on *both* our strengths and our weaknesses. We don't much care if we have to take the slower path every now and then. In fact, we enjoy it. We know patience pays and we are not just looking for massive feats. It is not a competition. Not in essence anyway.

Oftentimes in sports physiology and therapy, if we realize there is something odd about a function or a movement pattern, we start by identifying and strengthening the weakest link. Once this is done, everything usually becomes much easier – energy flows more easily, we are inspired and more likely to remain injury-free. In a sense, working on a weakness is working on a strength (a strength-to-be, that is). There is something alchemic about this.

And there is a chain reaction. A positive one. The weakest link often puts strain on the other links. If we start at the other end, treating the strongest or second-to-strongest link, slowly working our way up to the real source of the problem, it might very well take forever.

Paradoxically, it sometimes goes the other way around, too. Becoming stronger, for instance, tends to help our endurance. If we can lift heavy things, then logically lifting the lighter ones will require less energy and we will be able to do more reps.

Working on a strength is usually quite fun. But working on a weakness can be just as enjoyable. Really. Done properly, it is a way to get in our growth zone.

So it is not an either/or situation. In our discipline, warriorship goes hand in hand with humility.

- 53 -

MUSCULAR GROUPS AND CHAINS

For any serious parkour athlete, inflating isolated muscles in order to look nice at the beach makes no sense. We are looking for a fully functional anatomy and in that regard, our physical preparation includes strength, endurance, power, speed, coordination, mobility and flexibility, motor control and balance, and so forth. More specifically, when conditioning our muscles, we tackle all muscle groups and often work a whole chain, if not several chains, at a time, and in a surprisingly wide range of motion. That is one of the many reasons why we enjoy quadrupedal movements (QMs, or *quadrupédies* in French).

That exhaustiveness is necessary due to our gamut of techniques and their infinite variations. A precision jump can be landed sideways, strides can be done at varying heights and on varying surfaces, an arm jump solicits a great number of muscles.

However, human beings are not 100% symmetrical. Even if we train properly, there will always be a couple of subtle imbalances: we hit a toe and it affects the way we walk for a little while, we sleep lying one side or the other, we are left or right-handed and most likely have a dominant eye. Depending on the nature of our work and daily activities, these imbalances are usually dealt with by the brain; the body adapts. The real problems arise when these imbalances become more prevalent and are not acknowledged.

That is usually due to habit or repetition of a movement over a long period of time with no compensation. Someone whose sole physical activity is biking will always use the same muscles in the same range of motion. If you have a very precise job at a construction company and happen to use a drill with your right hand all day long and day after day after day, you can be sure you will develop an imbalance at some point. There are ways to counteract that, and in fact, if I were you, the builder, I would seek some advice from a movement therapy professional, or maybe a fully qualified yoga instructor, even if you don't feel any pain yet. In fact, since our muscles are not isolated but linked, often we feel the symptoms at a surprisingly remote location. Chain reaction.

The problem is, and we are not often made aware of that, our parkour training is so vast that it is easy to neglect or overdo some things and thereby end up with imbalances. Always starting the bigger running jumps (so, the ones that require the greatest amount of power, just to continue the vicious circle) with the same foot; conditioning your quads but never thinking of your hamstrings. You get the idea.

In fact, we parkour athletes tend to use the anterior muscle chains a lot. The beach muscles, you know. We are constantly in internal rotation: muscle-up, arm jump, kong vault, our hands are frequently in front of our body, thumbs inwards. And, as time goes, we become really strong at just that.

At some point, I was continually working on muscle-ups, and I realized that these imbalances became an issue for me. I wanted a resilient and healthy body, but ended up with a bunch of tiny problems – and big potential problems. I fixed this (this is personal, it is not a prescription) by doing more stretches of the pectorals, more conditioning of the rhomboids (in the back, associated with the retraction of the scapula), and postural exercises than implied external rotations (basically opening my chest and bringing my thumbs outwards and backwards).

All that to say, be mindful. The body has this wonderful intelligence, but just like any intelligence, it occasionally does more harm than good. Do not let it just panic and compensate blindly. Guide it. And start today.

- 54 -
POSTURE

Some things are so obvious we stop caring about them.

Posture is fundamental. Let us not take it for granted. Let us not become obsessed either – a body that can't sustain a bit of bad posture every now and then would not be a strong and supple body, right?

Still. Some say a good, upright posture helps inspire leadership and admiration. But we should not care about admiration. What we should care about is some basic self-respect, and a sense of dignity. Not arrogance. There is a major difference between *trying* to look brilliant and spontaneously shining. It is simple and yet often too close to be seen.

Proper posture is also linked to health and a general sense of well-being. A tensed chest, to take an obvious example, or shoulders curved inwards, barely allows one to breathe fully. There tends to be a relationship with mood, too. Keep your head up, so the idiom goes; someone who is weak or lacks resolution is said to be spineless. In meditation, for instance in the Tibetan tradition, we insist on the importance of keeping the back straight (not tense), "like an arrow" or "like a pile of coins" say the texts; "if the channels are straight, the energy will flow more easily". In some Indian schools of yoga, forward bends are said to have a calming effect, while backbends are said to be stimulating; a proper use of both makes a balanced practice, but on occasions we can prescribe, for example, a calming asana for someone who has anxiety problems. A friend of mine in Los Angeles even had a most fascinating transformation throughout the years. "I used to have a very tight, compact chest. Maybe you have a different vocabulary, but the way I see things, my heart chakra was completely jammed. Then I met my wife, and it started to dramatically open. And then we had our baby boy, and it started to feel lighter than ever, so free, so vast." We see him now, he is this huge Dutch guy, with great presence, very impressive indeed, and yet we immediately feel at ease – it is like he is all about love. His posture tells a lot.

Those were just examples of the effect of posture on one's mood and energy levels; fun and subjective ones, but telling ones hopefully.

And it is worth noting that just as our state of mind affects our posture, our posture affects our state of mind.

Our posture changes constantly throughout the day, of course. Even what we could call our "basic" posture, or the one we go back to whenever we rest, evolves or devolves throughout the years. I know I have to stay vigilant and make a quick checkup every now and then. If I change the way I train for a while, I realize my posture changes, too. Due to a lot of time spent reading and in front of the computer, I also have a tendency to let my head sink forwards and my shoulders curve inwards; much sitting and a tension in the psoas might also have odd remote effects; I've talked about muscular imbalances in the previous chapter.

A year or two ago, we were a bunch of instructors training in Boston. Each coach was delivering a short session to all others at some point. Young Alan Tran came up with a session on rudiments – super simple jumps, but with a focus on our posture upon landing. Interestingly, even though most of the participants were relatively experienced – many were of a high level – we all got some benefit out of that short session. Alan was right: we take these things for granted.

So make sure to get a supple and strong spine. Give a break to your knees, buttocks and hip flexors. When standing erect, get your weight to reside evenly over the surface of your foot, not just on the sides or towards an extremity. Massage these ropy neck muscles, and realize how much tension has been accumulating in your jaw – smile! Relax your eyebrows, your forehead, open your shoulders and welcome the world!

- 55 -

MENTAL POSTURE

A beautiful expression that really helps us.

Just as crucial as the physical posture is the mental one. Often even more important. It is predominantly the mind, after all, that experiences happiness and suffering. Throughout the wonderful French movie, *The Intouchables*, Philippe's body – he is quadriplegic – stays pretty much in the same position; and yet his mental posture beautifully evolves.

It is odd how quickly we forget about this notion. And yet its importance has even been imbued in popular wisdom, all the way to language and common idioms: "where do you stand on this", we ask someone when we want to know his feelings and opinions; "to turn in on oneself", "an inward-looking community", "to open up one's mind or one's heart"…

Remembering that very expression, "mental posture", can in itself be helpful. Because it reminds us that this is just what it is. And that we can change it. We can take a step back (another metaphor) and ask ourselves: "Am I all tense? Can I move sideways a bit and look at this differently? I am curling up? Enduring something out of habit, that I know is not right for me, and that could progressively change with a few reminders here and there?"

In short: *"am I opening or closing?"*

Oftentimes, it's really just that simple.

- 56 -

JUST METAPHORS

In the end, so the instructors at our ADD Academy are told to tell teenagers and high school students, all these obstacles are metaphors.

They represent obstacles in life. Troubles at school; anger and depression; conflicting situations with family members, friends and colleagues; financial struggles; health problems; anything. These are part of life. Denying this will only make things worse.

But our discipline shows us that we don't always have to simply *suffer* these obstacles. We can usually learn to see them as challenges and do something about them, at the very least in our own mind – that is the good old growth mindset.

ADD tells us that we can pass almost any obstacle, but that there are three inevitable steps to do so.

First is to acknowledge it. The obstacle is there. Learn to see it as it is. Without adding judgment and anxiety.

Second is to be willing to put some effort into it. Be ready to sweat and persevere.

Third is to find your way to do it. The exact technique used by the guy in front of you might not work for you. Height, mobility, strength and so on: every body (literally) is unique.

Often, finding your way to pass a rather big obstacle will require you to look at it differently. "If I come from this angle, it won't work for me. But what if I tried it this way?" There is thinking inside the box, there is thinking outside the box, there is seeing-what-we-can-do-with-the-actual-box, too. Same goes with life problems: "I am used to looking at it this way, and it makes me miserable; but what if I flipped it and looked at it from a whole different angle?"

Not only do we learn to reconcile ourselves with the very presence of obstacles, we learn to pass them (and objectively assess if we are able to do so and if not, what to do), and we learn to even have fun in the process.

But surely there is a difference between obstacles in parkour and obstacles in life? Well, their tangibility of course: clearly defined parameters in one case, say a 5-foot brick wall; blurry and subjective in the other, say a difficult relationship. (Here some philosopher could have us reflect on the idea that sometimes, the more subjective a source of pain is, the easier it is, by definition, to avoid and/or put into perspective.) But that is not the main difference that comes to mind here.

The main difference between obstacles in parkour and obstacles in life, is that we deliberately *look for* the former. Nobody in his right mind goes around looking for a fight between husband and wife (although it sometimes seems like it!), financial hardships, sickness. Does that mean parkour athletes are not in their right mind? Constantly looking for troubles and complications? Well, maybe so! But that mostly means that we are well aware that the small things prepare us for the big ones; that joy, creativity and practical wisdom can be learned; that is why we are training and that is why we say obstacles are but metaphors. And beautiful ones at that.

- 57 -

"JUST PARKOUR?"

When we spend a lot of time studying something – thousands of hours – and when that something infuses our whole life with new ideas and energies, we can't help but perceive this something seriously, to the point that it has a symbolic supercharge for us – in short, it becomes, quite literally, sacred.

And that is often when problems of a whole new genre arise.

We have to show respect for our own art. Art du déplacement can bring about tremendous benefits. In fact, we are barely starting to see how beneficial such a discipline can really be.

But.

If it becomes sacred to the point that we can not connect with non-practitioners, then maybe we have strayed away from the path. ADD is supposed to help us become a most authentic human being, not some elitist, narrow-minded folk.

Self-righteousness. Taking the means for the end. That is usually where fanaticisms start. Religion, for instance, is a means for spirituality, which is actual experience; religion itself, the *ism*, is a vehicle, not the destination. Problems always arise when we confuse both and take the means for the end.

So saying "relax mate, it's just parkour" can sound sacrilegious.

But every now and then, just on occasion that is precisely what we need. There is a whole world out there.

- 58 -

WHERE DO YOU COME FROM?

Just make your own research.

Actual research. Not just one side of the story. Not just some kid's ideas found in an online forum or some blog thingy.

There has been so much confusion, so many misinterpretations. Frustrations, too: people visibly got hurt at some point. Occasionally, it might be that big egos are at play. But often, things are not what they seem to be and it is saddening to hear people passionately presenting suppositions as facts, just repeating what they heard on account of faith or out of some immature desire to gossip. Our time is precious; why waste it prattling on and on?

Some of the few serious, actual researches that have been made to unveil the history of our discipline are Julie Angel's. Julie is a friend. She has a PhD. She has traveled extensively and interviewed a *lot* of people, while somehow brilliantly managing to stay out of the drama and the political issues. Her work is uber-important and yet I am sure she knows it is still partial and always will be: History is not an exact science.

But outside of such noble efforts, *we witness nowadays a very troubling epidemic: that of lazy journalism.* Many so-called journalists and editors, stressed out with deadlines and competition, struggle in an alienated world that is already overloaded with information… and they cut corners. With much agitation that probably doesn't help with the continual narrowing of our attention span, they want to quickly find fun ideas, send the paper to the boss – or "post it" with no intermediary and thereby no real editorial work, as is increasingly the case – and then go work on something else. Goals. Quantitative over qualitative. The show must go on.

This is dizzying and we should not accept lazy journalism.

- 59 -

TRAINING WITH BRUCE LEE

I somehow came to develop a closer relationship with Chau Belle, but the following would also apply to any of the other pioneers and founders of the discipline – Yann Hnautra, Laurent Piemontesi, Williams Belle, Guylain N'Guba Boyeke, Charles Perrière, Malik Diouf, David Belle and Sébastien Foucan.

Training with any of the pioneers, and some of them have devoted quite some time honing their coaching skills, is a wonderful opportunity. We may not realize it yet, it is too close, but learning with a Yamakasi founder is akin to having the chance to train with Bruce Lee, when he began teaching martial arts on university campuses. Historically, their respective contributions to movement culture are arguably comparable in importance. At times they may be or might have been controversial in their approach, ideas and methods, but that is what a pioneer does: an avant-gardist flies in the face of accepted ideas. A pioneer seeks, experiments. A pioneer *lives* his art – he lives so much.

Whatever the domain, some avant-gardists are not great with words. That is why they paint, that is why they compose music and move. Many have their own fears and uncertainties – they are allowed to doubt and to err. But usually what they don't have a single doubt about is how beneficial their art or craft can be. Sometimes they can't even explain why. *But it makes sense, it just makes sense.* And that certainty, that rich, immense life experience makes them like some sort of libraries on legs. They have so much to share.

So if you have an opportunity to learn from them, do not hesitate. Do not take things for granted. And you will not necessarily agree with everything they say – in fact, if they are at all worthy they won't want you to anyway – but their strength and passion might very well inspire you for a lifetime.

- 60 -
CELEBRATING DIFFERENCES

As a group, the Yamakasi were at the crossroads of many cultures: Vietnamese, French, Italian, Congolese, and so on. The founders did not decide to deny their many differences; instead, they celebrated everybody's contribution and uniqueness. This form of humanism should be at work in our everyday life.

Furthermore, despite the fact that the nine Yamakasi founders are men, women are equally respected. In the feature-length documentary *Génération Yamakasi*, Chau and Williams openly point to their mother as a source of inspiration. In the discipline's infancy, as documented by Julie Angel in *Ciné Parkour*, several members of the Belle and Hnautra families, among others, of both genders and of many age groups, took part in trainings. Photographer Andy Day once remarked that we can tell how healthy a discipline is by looking at the number of female practitioners. At the ADD Academy of Quebec, we generally have a ratio of 50/50 of male and female students, and even though we were proud of it for some time, we soon realized that pride had nothing to do with it: this should be *natural.* Our logo, shared with the ADD Academy in France, in Singapore and so forth, includes the Yamakasi handshake; the two colors that evoke a yin-yang symbol constantly reminds us of this: age, sex, color, culture, religion, it does not matter – our discipline is all about respect and dignity.

Moreover, we celebrate differences in the very way we train. Witnessing new ways to move and interact with the environment is a great source of inspiration; discovering unexpected types of terrain is incredibly nourishing. So let us celebrate.

- 61 -

CONTINUOUS EDUCATION

There is always something to learn.

Travel. If you can't afford to visit a different continent, then hop on the train or bus and visit another town in your own province or region. Even the one that has a funny name or that nobody ever talks about. You might be surprised. At least once a year, spend a few days in an area you have never been to; immerse yourself in a different culture. Connecting with other ADD communities is wonderful and strongly encouraged, but traveling will somehow nourish your practice even if you don't train much there or if you don't hang out with parkour people. Just seeing new landscapes and architecture, even if it resembles a bit your hometown, will indeed be beneficial.

Attend a seminar on running – you might realize that although you believe you are an art du déplacement expert, there is some very simple and yet important advice you were not aware of. Peruse Gold Medal Bodies' website and take the time to read a few articles on health and conditioning. Visit your local, independent bookstore and buy a book by Venerable Thich Nhat Hanh or His Holiness the Dalai Lama. You find it hard to communicate with the non-Anglophone practitioners? Then learn to speak French, the language of the founders, or hone another language. You know books contain wisdom and knowledge that might help you tremendously in both your training and your life in general, and yet you find it difficult to read a whole one? That too, can be learned no matter our age; it is just a matter of habit and like any training, the more we do, the easier it gets.

There is always something to learn.

- 62 -

THE NEED TO DIGEST

It has been seen time and time again. Someone suffering from some emotional unrest goes to see a psychotherapist of xyz school, then a psychologist of that other approach, then another one and another one, with few results. The patient can't seem to open up. But it all happens at a most unexpected moment. He starts to cry when… receiving a simple massage by a physical therapist.

Using the body is often an efficient way to bypass the conceptual mind – the intellect that is indeed full of ideas and justifications and prejudices… That is one of the reasons why art du déplacement is so powerful: such a discipline can help us understand, embody and share important values. Every training is an opportunity to learn *so* much.

And yet, physical training is not everything.

Are we to make the most of our discipline, some form of meditation is essential. At some point, we need to actively withdraw within. It is very hard, if not impossible, to develop real stability and an unbiased outlook if we are constantly assailed and obsessed with outer phenomena. The ability to really see things as they are will not develop without some silence; understanding the mind will not just happen through physical and verbal action; ultimately, genuine and lasting happiness is not to be found *out there*.

We *can* just move, actively train and enjoy the process, and become incredibly skilled: being super fit; displaying an unequalled flow, incredible techniques and gigantic balls. We can do that.

But there is always the risk of missing a layer.

There are layers and layers, veils if you will, and it is like an onion; physical preparation is like removing the outer skin, basic techniques are akin to the first edible layer, breaking jumps to another, and so on.

And deep within, there are hidden treasures.

- 63 -

TWO COMPARISONS

First comparison: road rage.

Exploding if things don't go *exactly* as you would hope. Hyper sensitive and swollen ego.

That is the exact opposite of our philosophy. An ADD practitioner should be well-equipped to face the challenges of daily life. Patience, perseverance.

Second comparison: loutish (and loud) behavior.

Walking carelessly in the street like some drunkard, forgetful of everybody else, speaking loudly.

That is the exact opposite of our practice. An ADD practitioner is cultivating attentiveness. Mindfulness and dignity.

Such comparisons are not about moralizing or judging others. They are about being mindful; they act as reminders of how vast and fruitful our practice can be.

- 64 -

"FOLLOW YOUR BLISS..."

Joseph Campbell was a hugely influential writer and mythologist. His work is most beautiful and incredibly vast.

One of his most quoted and certainly most misunderstood pieces of advice was, "follow your bliss".

"If you do follow your bliss", he said, "you put yourself on a kind of track that has been there all the while, waiting for you, and the life that you ought to be living is the one you are living. Follow your bliss and don't be afraid, and doors will open where you didn't know they were going to be."

It really does not matter what people think, just listen to your heart. "Wherever you are—if you are following your bliss, you are enjoying that refreshment, that life within you, all the time."

Very inspiring.

However, in his later years, when some students thought Campbell was encouraging a life of hedonism and laziness, he is reported to have grumbled "I should have said, *follow your blisters!*"

- 65 -

"THE ROAD LESS TRAVELLED BY"

Robert Frost was an American poet, an important literary figure indeed. One of his most famous texts, originally published in 1916, is *The Road Not Taken*, and it ends with these verses:

> *Two roads diverged in a wood, and I —*
> *I took the one less traveled by,*
> *And that has made all the difference.*

Let us meditate on this for a moment.

- 66 -

NOT FOR ORIGINALITY'S SAKE

(Following up on last chapter.)

Sometimes, however, the warrior path can and should be the one everybody else takes.

Some people, tired of being abused by "the system", are very free-spirited, and surely it is a good thing. The Yamakasi founders often refer to themselves as "Wild Souls". Our very discipline is nonconformist. Robert Frost is right: it is what usually makes all the difference.

Argumentativeness has its limits, though. We often explore these limits when we are in our teenage years. Taken to an extreme, one lives with the illusion that just because something has been pre-established it is worthless, and that *a contrario* because something is novel it is better. We do learn, with actual experience, that things are not always that way.

Sometimes we even show more courage and audacity when we are able to admit that what we are doing is not so original. And that is one singular paradox: when one finally stops being obsessed with originality, when one stops *trying and trying* to be original, he comes to find himself, and from that authenticity can arise actual creativity. Not mimicry. Not narcissism. Just a natural, spontaneous expression of one's true personality.

- 67 -

TIDY UP!

Just a thought.

Most efficient workers know this: a messy desk affects your willpower. It does.

"This is just the way I work", say the sloppy. But try tidying up. You will see.

One can't help but wonder, though: if a messy desk affects willpower and overall efficiency, what about a messy mind?

- 68 -

LEAKS AND JUNK MAIL

We are receiving a lot of junk mail, aren't we? And what is the solution, then? Junk mail filters.

Now the idea is that, filters can be useful in other aspects of our lives, not just inbox management.

It is all about not being distracted too easily. As in, not being distracted from the path we so carefully chose. We are constantly assailed by stimuli of all sorts. Some basic filters might help – they are not to be confused with arrogance, of course.

Being constantly distracted, jumping from one activity to the next – emails, chores, phone calls, text messages, emails again – with no structure or system whatsoever, like some anxious monkey, is a bad use of our energy. Focus is like a magnifying glass, that can use simple sunrays to kindle a fire.

"Energy leaks" can be seen frequently in training situations, especially amongst beginners. In fact, that is perhaps the most defining criteria of an experienced practitioner: good management of one's resources. "It looks easy when they do it", so we say; but in fact it does not always look so easy; they do need a lot power, and grimace at times; so a more accurate phrasing would be, *it looks simple.* And in a sense it is. "It is not daily increase", said the great Bruce Lee, "but daily decrease: hack away the unessential."

Quadrupédies are helpful when trying to identify one's leaks. Often, the one who struggles after just a few yards is not lacking strength proper, merely not using the right muscles in the right fashion. And the advanced mover simply does that, on and on: improving the system, the energy efficiency, by identifying leaks, and occasionally adding filters.

Using the term *traceur* to refer to anyone who practices parkour or ADD often reveals a limited understanding of the history of our art. So here is the designation I propose, if what we do is "improving the system, the energy efficiency, by identifying leaks and occasionally adding filters": *plumber.*

Just to make sure: I am kidding.

But do find the leaks.

- 69 -

YOUR DON'T DO LIST

When it comes to energy efficiency, there is something that is often better than developing good habits, and it is to get rid of bad ones.

The sick who take their medication but never try to cut the actual roots of their suffering will not improve their condition much. The same principle applies elsewhere. First, we have to acknowledge the root causes.

So instead of having a *to-do list* every day, maybe it would be more efficient to have a *don't do list*. We often complain we don't have enough time – but is it truly so? Or could it be that we are not using it properly? For instance, if we stop roaming on social media platforms outside of a dedicated time slot, quit checking our cell phones every ten minutes, relinquish the illusory goal of constantly doing three things at the same time, reduce our alcohol consumption and so on, we might realize that our productivity goes through the roof. In training, many things could be abandoned, from attitudes to movements to precise usages of bodily resources. And it is not about removing rest times – rest and play are essential – it is about cutting through tiresome distractions and all the things that tend to do more harm than good. Of course, let us find a proper progression, like with any apprenticeship.

And while we are on the subject of getting rid of bad habits – that advice probably needs to be meditated on a bit – the wise quickly learn to *identify the triggers*.

- 70 -

KNOW THY FUEL

It is perhaps the most astounding thing that when it comes to mortgages, mundane opportunities, feats of skill and so on, we seem to have a somewhat clear [though of a limited temporal scope, I agree] understanding of causes and effects, but when it comes to genuine happiness, willpower, serenity, and actual health, we appear either completely clueless or in some state of morbid lethargy.

We want to shine, be well and focused. And yet we feed ourselves with acidic food, packed with additives and low in micronutrients, that upsets our immune system and disturbs our inflammatory responses; empty calories that lead us to some weird relationship with sugar; so-called "food" that has more to do with "products"; produce that has been sprayed and that suffered the long-haul; proteins of unethical sourcing that only make us think we are getting stronger, but that don't get digested properly and that pile up toxins in our body; an unbalanced ratio of fats that affects our brain functions…

Food is our fuel. We become what we eat. Why are we so easily satisfied with groundless theories and approximations? Sophisms abound online. Some dietary trends do a lot of harm – both to the planet and to the people adhering to these trends. We should be rigorous as if our life depended on it. Because in fact, it does. For scientific arguments (spiritual, philosophical, social and environmental ones can be found elsewhere), one can turn, amongst other sources, to Dr Joel Fuhrman's *Super Immunity.*

Keep in mind, however, that as important as nutrition is, a human not only feeds on nutrients, but also on ideas, relationships, movements, and so on.

Know thy fuel.

- 71 -
FOOD OF HEROES

Furthermore, we should examine how our so-called values reflect in our daily choices.

For instance, is eating large amounts of meat (based on dated nutritional theories) in line with the principles of a discipline that claims a sense of global responsibility? Brendan Brazier, former professional Ironman athlete, two-time Canadian 50km ultramarathon champion, formulator of Vega and best-selling author of *Thrive*, disagrees. So does the super-talented (and vegan) freerunning athlete Tim 'Livewire' Shieff. So do I. Just to name a few.

Of course, many will say this is a matter of personal choice. But this is precisely the problem with such a narrow-minded approach – being arrogant as a species generally and making everything about us individually. And even if we were to make everything about ourselves, we should look into what constitutes a healthy diet, look at actual facts that are neither outdated nor financed and twisted by some business interests.

If validating the death of several animals every single week is consistent with our view of being "a warrior" – a leader, an inspiring figure – maybe it is time to review our glossary.

- 72 -
INTRINSIC MOTIVATION

Why do we do the things that we do?

What really drives us, beneath mere words?

Amongst the many models theoreticians and psychologists have proposed to understand motivation, is one that involves determining whether it arises from outside or from inside. We thus came up with the notion of extrinsic versus intrinsic motivation. In a working environment, for instance, that would be the difference between writing a report because it will get you a bonus, and writing it because you really want to do it. Intrinsic motivation often has to do with enjoyment, while extrinsic is more often linked to the payoff, whether immediate or delayed. That seems to evoke our motto, "process over outcome". The payoff, of course, is not necessarily material; it could be social and so on.

Furthermore, we could distinguish between a "positive" and a "negative" motivation: either going towards a goal, or wanting to avoid something. Were we to take the very literal example of "the carrot and the stick" approach, the carrot would be a positive, extrinsic motivation; the stick a negative, extrinsic one.

Rewards can be used, for example, to motivate yourself to acquire new skills (which will hopefully kindle some form of intrinsic motivation in due time). But interestingly, excessive external rewards for a behavior that is already internally rewarding can be completely counterproductive. Extrinsic motivation has some important drawbacks:

➢ **It is not sustainable.** If we withdraw the reward (or the punishment), the motivation tends to dissipate.

➢ **It has diminishing returns.** If the reward stays the same, motivation tends to decrease; in other words, over time one would need a bigger reward and so on.

➢ **It tends to deplete intrinsic motivation.** Rewards and punishments render needless the innate desire to do something.

So what are our reasons to train? Why do we want to do bigger and bigger jumps? To impress friends? Prove ourselves? Get our name out there? To feel better? For the love of movement – because we enjoy the process? Is our overall approach to training in line with our values and our (most legitimate) desire for authentic happiness? Where is this whole thing leading us? Mastery? Sure. But mastery of what – over what?

Of course, we can get a little treat every now and then. It may help develop a new habit, for instance. But generally speaking, intrinsic motivation – true, natural inspiration – is always stronger and more sustainable. And a cornerstone of intrinsic motivation is good, old, simple love: love of play, love of training partners and the larger community, a genuine interest in health, nature, architecture, and so on.

Shine from within and discover the law of increasing returns.

- 73 -

ON FRIENDSHIP

"If you want to become strong", so seems to go a contemporary motto in the movement community, "hang out with the strong ones."

But strength is not all that matters. At least, not if we stick to the more common definition of strength (more on that later).

One might argue that it is good to choose friends wisely; but an actual friendship is not a one-way thing, and in a sense we are also chosen. Sometimes it is not only up to us. And since change is in the very nature of things, relationships are built, crafted, constantly evolving.

Genuine friendships should not be taken for granted; they should be celebrated with much gratitude and in countless tiny ways. Some of these ways may seem contradictory at first; some others will never be suspected. That is okay, too.

Thousands of pages could be written on this theme. It is not the purpose of this book. But taking some time to reflect on what it means to be a friend is something every ADD practitioner should do. "We start together, we finish together." With hindsight, some things are more important than others.

- 74 -

AUTONOMY, COMMUNITY

To train exclusively with a group leads to a lack of autonomy, and possibly affects serenity. To train exclusively alone leads to a lack of perspective, or to a condescending outlook, or to being trapped in a form of inane hedonism. We need both tranquility and social games, both silence and feedback. We all have preferences and a basic personality, so to speak, and we need to be aware of our specific needs; even so, some form of balance between both ends of the spectrum is usually most beneficial.

Always train with a group and you will cease to progress; always train by yourself and you will cease to progress.

- 75 -

THE 4-MINUTE MILE

Before 1954, most people thought that running a mile in under four minutes was impossible. They thought the human body was simply not designed to go as fast – supposedly some even claimed that it would collapse under the pressure.

Then a certain Roger Bannister did it. And it changed everything.

Beforehand, Sir Bannister had failed to win a medal at the Olympics, although expectations from the public were really high; he was depressed and spent a few months wondering if he should quit running altogether. But after a while, his suffering turned into determination, and he decided to do something that had never been done before.

In the forties, the record for running a mile was 4:01. To go below that timing was considered impossible. Bannister broke that barrier on May 6th, 1954.

Nowadays some use this story on its own, as a source of inspiration. Some even seem to use it to justify some form of wishful thinking. But that is not our point.

By itself, it would just have been a story of achievement, like any other sport exploit. The interesting thing came just two months after Bannister's success. *Someone else did it.* Just two months later! And since then, a bunch of other people have succeeded, including high-school runners.

And thereby, in less than 50 years, this very notion went from "impossible" to "standard" (a very high standard, surely, but a relatively common achievement nonetheless).

What can we learn from this? The power of reference points.

We always behave, plan and dream according to reference points. Somehow, what constitutes a "broad jump" or a "high obstacle" is ingrained in our brain, and directly affects the way we anticipate challenges. These reference points have been defined through months and years of training with certain people and so on. *However, the great thing with reference points is that you can change them.*

They naturally change over time. Training with more experienced partners also helps to gain some perspective. And there are other ways, too – we will let the reader make his own discoveries…

So what are your reference points? Are you slowed down or inspired by them? And how can you skillfully change them and turn to good account their very power?

- 76 -

DYNAMIC TENSION

One day I stumbled upon Brian Johnson's *Philosopher's Notes* and videos, and I have been surprised to see how many of our ideas support one another. We seem to have different backgrounds altogether, and yet arrive at the same conclusions regarding a large number of subjects, and oftentimes with the same wording. It really is amazing.

A notion that seems dear to Brian is that of "dynamic tension". The required apparatus for one of his classes was a simple rubber band. Participants were told to hold it between their thumb and index finger. The thumb represents our current reality, and the finger pulling away, our ideal. Put another way: the thumb is *being*, the finger pulling away is *becoming*.

There is a dynamic tension between our actuality and our ideal, and our relationship with this tension changes everything in our life.

Out of the many issues that can arise, is the desire to avoid any tension whatsoever. It makes us uncomfortable and we shy away from it. Yet, if we do so, we have no ideals, so to speak; no goals. Nothing worthy on which to be working. Gone, the daily expansion of our heart and mind.

Another issue, and this is sadly all too common, is not having defined our own ideal. *Whose vision is this ideal?* Society's? Our family's? People we train with?... This is the way of the alienated and the unhealthy. The first step, therefore, is to create our authentic vision. Creating clear goals that don't have to do with mere material acquisition but with embodying values that are dear to us: *being love*, *being integrity* and so on. This is of foremost importance.

Once we have defined our authentic vision, what we need to do is hold the tension. Make it so that we are always pursuing something worthy of us. And the best way to do that, is to take baby steps, as Brian puts it: small, diligent, persistent actions towards our ideal.

A Tibetan saying goes more or less like this: there are no immense tasks that can not be divided into simple, smaller ones.

So, small increments. Bit by bit. Daily adjustments and so on.

How can we keep this tension – and most importantly, have a healthy relationship with it – in our general approach to training?

- 77 -

ON THE LEARNING CURVE

Ideally, we learn how we learn. That is, we familiarize ourselves with the learning process, in order to stop having unrealistic goals or being afraid of plateaus.

One of the greatest examples to understand this process, is provided by stereograms. Those unusual patterns that seem randomly generated by a computer but that hide a picture – when viewed correctly, an object appears in 3D.

Imagine you look at one with a bunch of friends. Maybe someone will immediately see the hidden object. A crow, for instance. Another friend, then another one and yet another, will take a bit more time to decipher the whole thing, but in the end, everyone sees it and has fun. Everyone but you, that is. You don't see the crow. To you, it's just a bunch of random lines and odd colors. Friend A advises you to focus on a specific point; friend B tells you that the secret is to not focus on anything at all; friend C suggests that you look at it upside down… You still fail at seeing what is now so obvious for everyone else; you become irritated and at some point start to wonder if your IQ hasn't recently dropped.

Then you carry on with your life. Every now and then, you look at the stereogram, and still you don't see the bird. However, one day, you simply wake up, look at it and immediately see it. And you can not *not* see it now. It's just there.

You may feel, at this point, that your level of understanding went from zero to one hundred on that specific occasion. Nonetheless, that is not how our brain works. All this time, it has been gathering information; there have been small, continuous increments until it reached a certain critical level.

When causes and conditions are gathered, said the Buddha, the effect occurs. In this case, not being able to see the crow was not a mere matter of "intelligence"; somehow some conditions were lacking. Occasionally, the learning curve can be dramatic, or more subtle, like a gentle slope. Not understanding this, we tend to beat ourselves up.

Ideally, we can identify and bring together the conditions that lead to the eureka moment. But sometimes, one of these conditions is simply *time*. The bodymind needs time to digest the information, connect the dots, and help you see the previously unseen.

This process is constantly at work in our lives, and ADD practitioners should become familiar with it.

- 78 -

CONNECT THE DOTS

It is not so much about individual, separate, disparate bits of knowledge. It is about linking information together. In novel, often unexpected ways. From two supposedly distinct comprehensions comes a third one, possibly a more powerful one. And to an open, disciplined mind – one that is yet uncluttered by prejudices and superficial emotions – knowledge is exponential. *The more we learn, the easier the very act of learning becomes.* That is one of the reasons why reading a lot is healthy; and the same principle applies to movement and kinetic intelligence.

Our deepest understandings in life often appear to be revelations: in fact we may have unconsciously linked a bunch of elements that seemed to have nothing to do with one another. Something we have witnessed as a child, an inspiring paragraph we have read somewhere, a series of personal events, a social phenomenon… Experiences that, once tied together, allowed us to fully understand something that we may have always taken for granted, that we were not ripe for, or that may have been there all along.

Parkour and ADD are all about connecting the dots. It should become a skill, or second nature. In order to become good at that, one could discover the power and pleasure of mind mapping. More on that is to be easily found elsewhere. But grab a pencil, a sheet of paper; find a serene environment; start with a central theme, then add keywords as they come to mind, and allow yourself to doodle; trust your gut and see where things lead you. You might be surprised at all the knowledge that is within, ready to emerge.

- 79 -

EXPERIENCING FEAR, FRUSTRATION, PRIDE

The basic notion, in the fundamental approach to Buddhist meditation, is to *learn to see things as they are*. Without judging them. It curiously takes quite a bit of courage to just sit and listen, and let go of our obsessive tendency to try to reach goals and control everything.

In order to do that, first we are often advised to watch our breathing. Now there is a major difference between actual meditation and simple relaxation. When we sit and try to focus on the breath, we will soon realize that our mind has wandered miles away. "What will I have for lunch? Holy mackerel, I never had the time to reply to this email! Wait – did that meditation teacher just burp?"

When that happens, and it constantly does, we simply escort the mind back to the breathing. The key is to do this gently, with much kindness, and without beating ourselves up. Almost every time someone tries to approach meditation, he or she feels incredibly clumsy: "I thought this was about emptying our mind, but my mind is just so full! It's like I'm having more thoughts than ever!"

In fact, the participant is not actually having more thoughts. He or she is just starting to acknowledge them. This unsettling experience that makes us feel like we are "bad meditators" is actually most wonderful: it is the first step towards befriending the very nature of our mind.

So there will be thoughts. And that's okay. Buddhism is not saying that intelligence and creativity are bad; it says that we should be living mindfully and not following everything blindly.

There are thoughts – but there are also emotions. And the gamut of emotions we might face throughout our parkour or ADD journey can be surprisingly vast and intense. So surely, we can learn from such traditions as Buddhism, in order to stay sane and use any experience to continue our apprenticeship.

Whenever a strong, negative emotion such as jealousy, frustration or anxiety arises, most of us know of only two options. Either we express it, or we swallow it, so to speak. Explosion or suppression. However, the Buddha tells of a third option, that of mindfulness and benevolence. It is like watching a fire burn, without constantly adding wood: you are not suppressing it, and yet it can not burn forever. So instead of judging ourselves or commenting on what we believe is the main cause of our discomfort, we simply watch the emotion, feel its energy, its unique texture, with a sort of curiosity. We might not feel better immediately, but we will probably learn a lot in the longer run, and become familiar with the mechanisms at work within.

Author Pema Chödrön summed it up nicely: "Feel the energy, drop the storyline." Great, entire books have been written on the subject, and there are other approaches to dealing with strong emotions, such as using what we call "antidotes" in Buddhist teachings. And most naturally, it does not have to be Buddhist. But if parkour practitioners can walk this path of mindfulness and benevolence, it will already be of huge benefit.

So there will be fears. There will be frustrations. Our ego or what we think of as "me" or "I" will get swollen at times. Being able to acknowledge these phenomena is already a sign of maturity, but that is not all. The next time that happens, we can simply *feel the energy and drop the storyline*.

- 80 -

THREE SPHERES; ON BEING STRONG

Whoever wants to be strong, whoever wants to contribute to healing the world, has to take into consideration three spheres of the human experience: **the physical, the psyche, the social**. The beauty of such a discipline as art du déplacement is that it tackles all three.

The list of physical benefits is lengthy and for the most part self-explanatory.

The list of psychological effects is also surprisingly long, and is packed with secrets that may only unfold themselves after months and years: relationship with stress and fear, any fear; reconciliation with effort and hardship; a change of perspective on the details of the everyday; humility; etcetera, etcetera.

ADD's contribution to the social sphere is perhaps the less obvious. It is, nonetheless, quite real and powerful. Re-enchanting the world, one leap at a time; every hand held out is also a condition to the healing of the world.

Universal responsibility, for an art du déplacement practitioner, would imply to keep in perspective these three spheres.

- 81 -

WHEN INJURED

See the vast difference between *failing to assess or execute* something properly, and *being a failure*.

Accept and let go. You will only feel lighter and allow your inner resources to converge on the healing process. "Loving yourself" might sound like a simplistic advice; in fact it is of foremost importance in order to avoid prolonging unsuspected traumas.

There are some things to be learned. Accidents are mentors, always. See your current condition as an experience and seek novel understandings.

Rest and do everything you can to sleep well. That might include reducing your caffeine consumption; having relaxation sessions before going to bed, and not eating too much or exposing yourself to blue light sources just beforehand; adjusting your curtains, sleeping hours and so on according to the season.

Make sure to eat fresh, wholesome foods packed with a vast array of micronutrients.

Do not overuse ice, as *some* level of inflammation is needed and externally stopping this part of the process might considerably lengthen the healing process. Food might help in that regard: for example, turmeric (combined with black pepper) and omega-3s are shown to have anti-inflammatory properties that make them a healthy choice.

Preserve mobility and so on progressively but as soon as movement is allowed or doable. Letting the body heal through compensation might further increase muscular imbalances and create other problems on the longer run.

If the injury is not severe, you can still show up to training sessions and encourage friends in any way you can. Light jogging, for example. Aim to embody the Yamak spirit.

If the injury is severe, you can still train… your mind. This could be another way to embody the Yamak spirit. Physical convalescence can also be an occasion to deepen your theoretical understanding: read books on health, training, philosophy and so forth, martial arts classics and inspiring tales from the masters of old.

Don't whine, but do let your friends help.

When back on track, do not let fears from the past haunt you – if you properly understood the teachings of Mentor Accident, this should not be an issue – but do find proper progressions. Make it so that the convalescence is a boon, the body a vehicle, time a friend, sensations allies.

If applicable, work on whatever was the main cause; work on the weaker links of the chain in order to avoid future incidents.

When in doubt, seek professional advice.

- 82 -

SEEING THE BEAUTY

Art du déplacement is about seeing the beauty.

Seeing the beauty hidden in grey walls and concrete gardens.

Seeing everyone's potential, everyone's dignity.

The Québécois writer Félix Leclerc once wrote: "Someone told me my very neighbor had the most beautiful voice in the world. When will I ever discover things by myself?"

We train our eyesight, so to speak.

So that we come to see even the unexpected.

We see, and then we unveil.

- 83 -

LEAVE A TRACE

Around 2008, the "Leave No Trace" initiative was proposed, and has been adopted by a number of parkour communities around the globe since. It is about respecting and preserving the places in which we train.

As Parkour Visions in Seattle puts it:

The philosophy of Leave No Trace is focused on personal responsibility and awareness of your surroundings. It breaks down into two main categories:

1) Know your equipment and your environment.

2) Leave your training ground as good as, or better than, you found it.

Some groups even form to do voluntary work, put their gloves on and spend a day in parks filling up trash bags. Community clean-up events might also include cleaning up shoe marks that have been left by wall-runs and so on.

A most noble initiative and an idea worth spreading.

However, this is not exactly what we are talking about here. We are referring to our behavior, and more precisely to a sense of wonder and dignity we can bring into people's lives. The citizens should never feel threatened, but on the contrary, they should feel inspired by us.

So sometimes, you are allowed to leave a trace. That is: *leave no physical evidence but do add a touch of magic.*

- 84 -

YIN AND YANG

ADD provides a most tangible way to learn about the principles of yin and yang, and to balance the complementary energies that are constantly at work within and around us.

Oftentimes, in a given technique, it really is a matter of finding the proper amount of hardness and suppleness. Be too soft upon landing and you will collapse; be too stiff and you will suffer a great deal of impact.

But to find the balance is not to be stuck midway, as if the 50/50 point was always the ideal place to settle and thrive on. To adapt, once again, is the key notion. If we analyze an efficacious running jump, for instance, we might argue that the moment we push off the ground is an epitomic yang moment; the moment we are in the air has a very yin element; upon landing we have to coordinate both.

This can be seen everywhere in our training.

Emptiness and plenitude.

Straight lines and curves.

Choreography and improvisation.

Speed and slowness.

And so on.

The most efficient martial arts teach us how to ally and reconcile complementary energies. So does art du déplacement.

- 85 -

LIFT, UPHOLD, UPLIFT

The title says it all.

Cornerstones: strength, dignity, community.

So lift and push; sustain and stand by; improve and inspire.

- 86 -

TALKING IS EASY

An ounce of practice is worth more than a ton of theory, so goes the saying. And it does not matter whether it was originally attributed to Mahatma Gandhi, Ralph Waldo Emerson or Benjamin Franklin: it definitely applies to our training.

But not only is that true in the physical and technical aspects of our discipline, it is also of paramount importance in regard to its philosophy. It is easy to *talk* about values. So easy to talk about compassion, for instance. But our aim should be to embody these values and ideals.

Furthermore, being too stiff about our conceptions of nobility and so on can turn into a dangerous pitfall. We may find "codes of honor" inspiring at times, but historically they have often been associated with abuse and violence. Nothing is more remote from the essence of our discipline.

So talk, write, read all you want. Some form of conceptualization is nourishing and necessary. But then see how these beautiful notions can really apply to your own life. One could take these very chapters, for instance, like personal advice. Do not ever let bits of intellectual knowledge be mere trophies that feed your ego.

- 87 -

THE PRACTICE OF DEDICATION

A great way to summon courage, or simply to show gratitude, is the practice of dedication.

When breaking a jump, one could dedicate it to a dear friend, a mentor, a student, a training partner, a family member, a co-worker, or even an inspirational or archetypal figure.

And not only when breaking jumps; any challenge whatsoever could be an opportunity to dedicate your efforts. Yamakasi founder Yann Hnautra once said something like this, with a grin: "When things get hard, you dedicate the next push-up to your younger sister, then the next to your older sister, then the next to your brother… and if you happen to have a big family, you will become very strong!" This is a variant on the "we start together, we finish together" leitmotiv, and it can be combined with the exercise explained in chapter 43.

In the Buddhist tradition, the practice of dedication is taken to another, systematic level. In the Great Vehicles particularly, compassion and equanimity are of foremost importance. After every meditation session, and after any virtuous practice whatsoever, the Buddhist practitioner dedicates his merit to the enlightenment of all living beings; he hopes that the fruits of his efforts will not only serve his personal purposes, but that they will help, be it in a very humble, very indirect way, all living beings progress on the path to genuine happiness. A cup of water, if splashed on the pavement, will rapidly evaporate; if poured into the ocean, it will last. So this is one of the ways to understand the Tibetan precept "good at the beginning, good in the middle, good at the end": worthy motivation to start with, concentration and mindfulness during the actual meditative exercise, and proper dedication at the end.

Even if parkour and art du déplacement are not necessarily or specifically tied to Buddhism or any such spiritual tradition, the practice of dedication could still be immensely beneficial. There are two ways to do it.

The first is during or before the actual effort: smiling and recalling the name of a loved one when facing a specific challenge (breaking a jump, continuing a particularly long route of quadrupédie, and so on). "I am tired or scared, but I know I can do this; and I will do it as a token of my gratitude for this teacher of mine, or with a special thought for this courageous kid who comes to class every week." The important thing, when using this method, is to focus on the present, on the actual movement, with a tranquil mind; one should be inspired by the dedication or the object of dedication, but never distracted by it. Also, let us not beat ourselves up if things do not go as planned: what we offer is our willingness to face the challenge, our good faith, our inner resources.

The second way to practice dedication is *after* a training session, or more generally throughout our days and throughout our life; it is about generously letting go, making sure our mischievous little ego does not steal the fruits of our efforts, and sincerely and humbly hoping that whatever virtues we might have acquired will be useful to something bigger than ourselves; that it will help bring a bit more peace to this world.

- 88 -

BACK TO THE BASICS

We often seem to think we evolve when we do the bolder, newer things. But interestingly, it is often when we come back to the basics that we make the bigger leaps in our apprenticeship.

Making sure we did not skip on the fundamentals. Working on mobility, stability, strength. Linking simple movements but in a most spontaneous, effortless way. Taking on a quadrupédie challenge. Remembering the how, the when, the *why*.

Yamakasi founder Williams Belle did an interesting session on the subject – a session that has been captured on video and made available by Julie Angel. Participants were asked to pass over a simple, low wall. But the focus was on the *feeling*. What it feels like to be in midair. What the texture of the concrete or brick wall feels like. What the joy of movement feels like. And so on.

We need simplicity. If not right now – maybe we are at an exhilarating phase in our apprenticeship in which we need to explore new frontiers and constantly absorb new knowledge – then some time or another. Conceptualization will give way to experience, and clarity will prevail over agitation.

As the Québécois author and Buddhist nun Ani Lodrö Palmo said: "a tranquil mind can always embrace and manage complexity, whilst a complicated mind inevitably destroys tranquility."

- 89 -
POLE STAR

Periodically, make sure your pole star is still bright and in sight.

That you did not get distracted, and that you did not stray from your values. And if you did get lost, learn from the experience and just come back; that is indeed why you chose a bright star to begin with.

Stop. Breathe. Contemplate. Every day has its night and you will not be short of opportunities to make sure everything is still aligned. Make good use of them.

THE ULTIMATE TEST

After months and months and years of training, after thousands of jumps and thousands of vaults, you might be ready for the ultimate test.

That impressive wall-run only some legendary folk succeeded at? That immense running jump between two rooftops? Some dizzying number of muscle-ups…?

That is not what we are referring to.

The ultimate question is: on the whole, are you more serene, optimistic, creative, resilient, and compassionate?

If none of these areas have been improving, you have been misled and it is time to reconsider the way in which you approach your discipline.

POSTSCRIPT

A traveler in pursuit of a starry night

by Yann Hnautra, Yamakasi founder

When I contemplate a starry sky, I think about travels and escapes. The sky reminds me of my personal story, from my innocent childhood. It brings me back to my base, comforts me, and reminds me of my family, my friends, my ideals – and that time of life when the past and the present were overlapping each other, and when only the future would require efforts. I was able to smile throughout those efforts, thanks to a certainty I was renewing everyday. All these nights spent talking, dreaming and generally enjoying the moment after training sessions, made me understand the meaning of friendship, the meaning of humanity. These moments were punctuated with pain, distress sometimes, but joy also, and were the seasons of my life. Throughout those seasons, I never ceased to run, jump, climb, in order to find a place permeated by an indefinable bliss, a place that constantly changes from one day to the next. I looked forward to the dawn, for it was announcing a brand new day that would allow me yet again to renew my philosophy, my vision, my bliss.

In my solitude was growing a certainty, a tremendous love. Doubts and fears sometimes hit gratuitously; some form of violence tried to dry up dreams and weaken inner resources. But to me this certainty has always been an ideal to verify, and to clarify; an ideal that allows everyone to find his or her place. That is the secret of longevity…

As for me, I found it by accident, in a moment of escape, when I was believing in the inconceivable greatness of the mind, in the infinite nature of the story we are inevitably writing. Here or elsewhere, it does not matter. I have found physical and spiritual possibilities, and the world unfolded itself, so to speak, when I understood that any bold, courageous human being can improve instead of lying (to himself and to the people around him), instead of destructing out of vanity and pretentiousness.

To discover this strength we have to confront ourselves. The search for truth is ultimately what drives our behavior, at the risk of getting injured in order to better rebuild. We are searching for ourselves, taking up a great personal challenge, and all the while it is a matter of honesty. Once we are beyond the first stages, we find all the beauties of our humanity, dazzling like stars.

I found this starry sky when I was trying to see. I then realized that it brought me the peace I have been looking for all this time, a quasi-fetal sense of security... Keeping my head up, I contemplate, again and again. In the starry sky, I can see both the sufferings and the joys, like the wind that refreshes my ideas and my body after some strenuous training. One day, inevitably, my certainty will come past these stars. It makes me smile before I go, for I know that I will be back tomorrow!

Let me close this parenthesis with two quotes. I hope they will make you take a closer – or a different – look at the sky...

"Everything is simpler than you think, and at the same time, more complex than you imagine."

— Goethe

"Laozu said: "I was evolving beyond phenomena."

"What do you mean?", asked Confucius.

And Laozu replied: "it is something that our mind can not understand and that leaves us agape, nevertheless I will try to give you a glimpse of it."

Merci à ma petite famille,

Merci à notre grande famille,

YANN HNAUTRA

ABOUT THE AUTHOR

Vincent Thibault will soon stand out as one of Quebec's most prolific writers of his generation. Humble translator, eccentric athlete, fascinated traveler, some of his fiction work has been compared to the great Haruki Murakami's; his essay *Parkour and the Art du déplacement: Strength, Dignity, Community*, tackling themes such as sport sociology, health, courage and creativity, was also one the very first books on the subject.

Most of his titles are originally published in French with major publishing houses in Quebec, however the following are now available in English. For all queries concerning foreign rights (including translations), please contact the relevant publishing company or get in touch with the author via his website.

www.vincentthibault.com
www.facebook.com/vincentthibaultdotcom

Purity: Japanese short stories, CreateSpace, 2013 (translated from French by Lisa Hannaford-Wong).

Parkour and the Art du déplacement: Strength, Dignity, Community, preface by Dan Edwardes, Baraka Books, 2013 (translated from French by Casey Roberts).

VINCENT THIBAULT

PARKOUR & ART DU DÉPLACEMENT

DU DÉPLACEMENT

Leçons de sagesse pratique

ASIN : B014VP34QG
ISBN: 978-1519539229

Photographie de la couverture : Andy Day
Athlète : Bogdan Cvetkovic
Conception de la couverture : Simon Gray
Composition graphique : Hugues Skene de KX3 Communication

www.vincentthibault.com

AVERTISSEMENT

Trois termes, *art du déplacement, parkour, freerunning,* désignent des évolutions, ou déclinaisons, de la pratique issue des Yamakasi, un peu à la façon de certaines familles d'arts martiaux au sein desquelles un seul enseignement original a engendré différents courants au fil des années. Plutôt que de débattre des nuances ou d'encourager la division, ce livre se propose d'en être un d'amitié. Il n'en reste pas moins que pour différentes raisons, le terme de *freerunning* en sera pour l'essentiel absent, et que si en langue anglaise *parkour* semble parfois plus commode, nous avons une nette préférence pour *art du déplacement* en français. Au lecteur de savoir aller au-delà des mots et des catégories, sans toutefois oublier les origines de cette merveilleuse discipline.

D'autres termes ont posé problème à l'auteur-traducteur. *Pratiquant*, par exemple, convient le plus souvent, mais serait à la longue redondant. Faute de mieux, nous avons régulièrement opté pour *athlète*, même s'il y a dans ce choix sujet à débat, puisqu'il est souvent réservé aux sports plus classiques ou de compétition.

En outre, ce petit traité philosophique démontre qu'il y a beaucoup plus que le saut; son objectif est d'offrir de nouvelles perspectives aux pratiquants sur ce que *pourrait* être leur art. Il n'en tient qu'à eux. C'est donc un livre éminemment subjectif, mais également puissant, espérons-le.

Enfin, nous avons opté pour un livre en version bilingue. D'une part, cela rappelle aux lecteurs anglophones les origines de la discipline. Cela facilite également les échanges culturels (c'est dans l'esprit de la pratique), et permet à l'athlète d'apporter le livre en voyage où que ce soit dans le monde et de l'offrir à des amis de nationalités diverses. Plusieurs pratiquants manifestent le désir d'apprendre l'autre langue; ceci pourrait les aider. Par ailleurs, l'auteur espiègle s'est permis de dissimuler quelques nuances ici et là, sa sensibilité s'exprimant légèrement différemment dans une langue ou dans l'autre. Cela devrait rendre aux lecteurs bilingues une deuxième lecture plus rafraîchissante.

REMERCIEMENTS

À Chau Belle pour son temps et ses conseils au fil des années. À Yann Hnautra, Laurent Piemontesi, Williams Belle, Guylain N'Guba Boyeke pour l'inspiration, même à distance et de façon insoupçonnée.

Deux amis ont veillé à la relecture de la version anglaise du texte, Christopher Keighley en Angleterre (Parkour Generations) et Alissa Bratz aux États-Unis (Wisconsin Parkour). Deux autres se sont chargées de relire la version française, Catherine Marais en France (ADD Academy) et Marie-Hélène Savard au Québec (Académie québécoise d'art du déplacement). Le photographe britannique Andy Day, alias Kiell, a généreusement offert la photo ayant servi pour la couverture, et son ami graphiste Simon Gray en a réalisé la conception – le résultat est franchement superbe. Le graphiste québécois Arnaud B. Langlois a également mis son talent au profit d'une campagne de promotion. Ryan C. Hurst, directeur de Gold Medal Bodies, a trouvé le temps, entre des ateliers au Japon, aux États-Unis et au Costa Rica, d'écrire une jolie préface. Tous ces gens ont travaillé bénévolement et je leur en suis vivement reconnaissant.

Je salue le génial Hugues Skene de KX3 Communication, qui s'est quant à lui chargé de la mise en page de la présente édition. Parmi les nombreuses autres personnes qui m'ont guidé, aidé et inspiré, je tiens à saluer également Émylie Côté, Françoise Comoz, Mary-Andrée Jobin et Jacques Thibault, de même évidemment que tous mes collègues et étudiants à l'Académie québécoise d'art du déplacement.

PRÉFACE
par Ryan C. Hurst

Il a été question d'expression corporelle durant toute mon enfance. Je touchais à tout : escalade, course, ski, arts martiaux, gymnastique de compétition…

Dès l'âge de 5 ans, c'est cette dernière discipline qui a retenu mon attention. Je n'essaierai même pas de compter les heures passées à l'entraînement ou en compétition! Néanmoins, j'ai mis un terme à ma carrière de gymnaste lorsque j'ai atteint l'âge de 19 ans, en me rendant au Japon pour me dévouer entièrement à l'étude des arts martiaux.

Enivré par la perspective d'apprendre dans un pays lointain, j'étais un brin naïf. Je caressais le rêve de m'entraîner avec les plus grands maîtres japonais et de devenir une vedette des arts martiaux.

Il ne suffisait pourtant pas de déménager pour être accueilli à bras ouverts par les experts. Ce fut un dur réveil que de comprendre que je n'avais rien de spécial, et qu'en somme je n'étais que le petit étranger avec lequel on jonglait sur le tatami. Mais je continuais de me présenter chaque jour à l'entraînement. « Premier arrivé, dernier à partir » était ma devise et au fil des années, mon esprit s'est raffermi autant que mon corps.

En tant qu'étranger, je me cognais le nez à une solide barrière linguistique. Arriver à maîtriser le japonais a été très long.

Tout immigrant en vient à un point où, voulant avoir une conversation plus profonde, il se sent freiné par son manque de vocabulaire. Ce qui m'a permis de continuer d'aller de l'avant au fil des années, c'est le langage du mouvement, avec lequel je pouvais communiquer avec les autres sur le tapis.

Avec les arts martiaux et le parkour, on apprend à maîtriser cette langue et à franchir les barrières. Pareils liens avec la communauté ne peuvent se tisser qu'au fil d'une pratique assidue. J'étais un étranger, mais comme je travaillais durement et me présentais chaque jour, les autres membres de la communauté m'ont accepté et cela m'encourageait à continuer.

J'ai découvert qu'en général, les pratiquants développent un respect mutuel. Même si j'étais dans un pays qui n'avait absolument rien à voir avec mon pays natal, quand nous nous appliquions aux arts martiaux, mes partenaires d'entraînement et moi étions capables de nous comprendre. Quelque chose de fort nous unissait et certaines de ces personnes sont aujourd'hui encore d'excellents amis.

Je ne pratique le parkour que depuis peu, mais je constate que sa communauté évoque celle des arts martiaux. Nous posons le pied sur le tatami (ou l'équivalent) seul, mais les défis auxquels nous faisons face nous aident à grandir et à mieux comprendre notre vraie nature. Les communautés se ressemblent aussi du fait que dans les deux cas, bien que nous travaillions sur nous-mêmes, le soutien des autres pratiquants nous aide à devenir de meilleurs athlètes et, de façon plus générale, de meilleures personnes.

Comme les arts martiaux, l'art du déplacement implique de relever les défis de la façon la plus efficace. C'est très physique et pourtant, sans un esprit fort, nous n'arrivons pas même à faire les premiers pas. Mal évaluer la situation, trop réfléchir ou au contraire, être négligent – tout cela peut nous mettre dans un sérieux pétrin.

Néanmoins, avec un esprit rationnel, clair et discipliné, nous pouvons surmonter des défis qui semblent impossibles à relever. L'étude de la mentalité et de la philosophie qui sous-tendent notre pratique doit constituer une part importante du chemin à parcourir.

Les arts martiaux et le parkour ne sont pas que des jeux auxquels on s'adonne pendant le weekend. C'est la quête d'une vie, et de mieux comprendre la composante philosophique de la discipline assiste sa composante physique. Nous nous laissons inspirer par ces leçons quand nous travaillons nos techniques et nos mouvements, et c'est un point de rencontre entre le corps et l'esprit.

Un livre célèbre au Japon est *Le Traité des cinq roues*, écrit par l'escrimeur emblématique Miyamoto Musashi. Il ne s'agit pas d'un manuel détaillant toutes les techniques du maniement du sabre avec des diagrammes montrant les applications de chaque mouvement. Plutôt, c'est un texte concis portant sur la philosophie de cet art, philosophie qui peut être appliquée à la vie quotidienne. C'est devenu un classique en raison de sa clarté et de sa pertinence.

Ce livre-là ressemble beaucoup à celui que vous vous apprêtez à lire.

Quand nous nous entraînons au parkour, nous ne pensons pas aux énergies yin et yang à l'œuvre dans l'ensemble de notre pratique, alors qu'il serait pourtant avisé de veiller à leur équilibre. Nous pensons seulement au trajet précis auquel nous faisons face, ou à l'habileté que nous tâchons de développer.

Parkour & art du déplacement : Leçons de sagesse pratique nous emmène plus en profondeur dans notre discipline et nous permet d'en tirer une expérience plus épanouissante.

Ce livre n'est pas un manuel scolaire ou ouvrage que l'on doit systématiquement lire de A à Z, dans l'ordre. Certes, on peut le lire ainsi. Mais je suis d'avis que vous tiendrez à relire certaines sections pour remettre en perspective une séance d'entraînement à laquelle vous viendrez de participer. Vous rejouerez cette séance dans votre tête et arriverez à mieux comprendre ce qui s'est passé. Vous pourriez aussi profiter de plus de calme et de clarté lors de votre séance du jour, inspiré par ce que vous aurez lu la veille.

Sur le web et ailleurs, il ne manque pas d'information sur les techniques de parkour. Mais pour être franc, je crois que nous n'avons guère besoin de davantage de manuels et de « tutoriels ». Ce dont nous avons besoin, c'est d'un livre qui nous permette de saisir toute la profondeur de l'art du déplacement, un livre qui nous aide à mieux réfléchir et à comprendre l'importance de l'aspect communautaire de la pratique et des liens tissés par ce langage commun.

Ce livre est aujourd'hui disponible.

C'est un grand honneur que d'écrire une préface pour ce *Traité des cinq roues* des temps modernes. J'espère qu'il aidera à unir toujours davantage les communautés, par-delà les limites géographiques et linguistiques, et encouragera les gens à continuer de bouger et d'adopter une attitude positive.

RYAN C. HURST
Directeur de la programmation, GMB Fitness
30 juillet 2015

INTRODUCTION

L'art du déplacement est possiblement la discipline physique qui a connu la plus vive croissance de par le monde au cours des dix dernières années. Elle implique de s'entraîner à franchir des obstacles et à passer d'un point A à un point B (ou C, ou W) avec efficacité, économie de mouvement, grâce et pleine conscience, et ce, en utilisant uniquement notre propre corps. Tant mentalement que physiquement, l'art du déplacement est aussi exigeant que gratifiant, et change constamment en raison de la nature des endroits où l'on s'entraîne. C'est-à-dire : partout.

L'art du déplacement, ou le *parkour*, est parfois décrit comme un sport, et à certains égards c'en est bien un. Mais il existe aussi des différences fondamentales entre une telle discipline et un sport traditionnel. Dans le cas d'un sport, les règles sont claires et l'objectif est partagé par tous les participants. Dans l'art du déplacement, bien qu'il y ait quelques règles – elles ont surtout trait à la sécurité, à l'efficacité et à la courtoisie –, certaines de ces règles sont vagues et circonstancielles, et surtout, *chaque participant a un objectif bien à lui*. Certes, il y a des idéaux partagés par tous – force, dignité, contrôle, camaraderie et ainsi de suite –, mais le but de toute tentative ou de tout mouvement donné varie d'un athlète à l'autre et, c'est peut-être le plus surprenant, d'un entraînement à l'autre. Parfois, au cours d'une même séance, le pratiquant peut évaluer, explorer et relever des dizaines de défis de natures complètement différentes.

Tous ces défis permettent à l'athlète de se retrouver; il devient plus fort et plus créatif, découvre en lui et autour de lui des ressources insoupçonnées; son corps devient plus résilient et son esprit, espérons-le, est gagné par la bienveillance. L'humilité, le partage et la fraternité font également partie intégrante de la discipline.

Plusieurs des fondateurs de Yamakasi, en France, insistent sur cet aspect communautaire. « On commence ensemble, on finit ensemble » est un leitmotiv. Leur conception de la force est également vaste et inspirante. Fait à noter, bien que le mot *parkour*, fort usité dans le monde anglophone, dérive d'un mot français, d'autres pionniers tels Chau Belle, Yann Hnautra et Laurent Piemontesi préfèrent l'expression *art du déplacement*. La traduire n'est pas si facile qu'il n'y paraît : *displacement* connote par exemple le déplacement forcé d'une population; quant à *art of movement*, c'est évidemment trop vague. Souvent, on opte pour l'acronyme ADD, comme dans *ADD Academy*.

Cela n'est pas sans faire sourire nombre d'anglophones, pour qui l'acronyme évoque *attention deficit disorder*, le trouble déficitaire de l'attention. Mais ce qui est fascinant est que l'ADD, ici, signifie tout le contraire : l'art du déplacement est une *culture de l'attention*. L'attention portée aux paysages, au mobilier urbain, aux mouvements, aux détails, aux textures, aux partenaires d'entraînement, à la respiration, à tout. Il s'agit de transformer l'agitation en agilité. La force brute en contrôle et en vraie maîtrise. Le manque de mérite en dignité.

Cette notion même, transformer le « négatif » en positif, est au cœur de notre discipline. Et, pour peu que l'on s'entraîne adéquatement et que l'on trouve de saines sources d'inspiration, de telles notions peuvent se refléter dans notre vie en général. C'est le sens du titre que j'avais initialement en tête pour ce livre, *Traverses et passerelles*. Il y a beaucoup plus que le saut et il existe d'innombrables liens, d'innombrables passerelles entre l'art du déplacement et notre vie quotidienne. L'inspiration est mutuelle : des brins de sagesse passent des séances d'entraînement aux activités courantes et vice versa, et à un moment, comme dans les arts martiaux dont c'est un idéal, ces deux pôles fusionnent. Dans une certaine mesure, je crois que ce livre peut aussi apporter quelque chose à ceux et celles qui ne s'entraînent pas à l'ADD.

Notre discipline partage en effet quelques caractéristiques avec les arts martiaux. La profondeur, la richesse, la possibilité de rehausser tant de facettes de nos existences. Mais il y a également des différences, et l'une d'elles est que nous mettons constamment et pleinement nos apprentissages à l'épreuve. Dans les arts martiaux, on peut faire un combat avec un partenaire d'entraînement; et assurément la vitesse et la coordination trouveront leur utilité au quotidien; mais rarement, espérons-le, nous trouverons-nous dans une vraie situation de combat. En fait, l'esprit des arts martiaux nous enseignera même à éviter les conflits. En parkour, nous nous mettons constamment dans des scénarios très réels où un obstacle est franchi ou non, et où l'on atterrit correctement ou non sur une barre d'acier glissant.

Encore une fois, toutes ces occasions, aussi belles qu'éprouvantes, peuvent nous nourrir et inspirer le plus vaste contexte de notre vie. Et trouver de l'inspiration à cet égard est précisément l'objectif des 90 brèves leçons qui suivent.

Il y a deux ans, j'ai publié un livre intitulé *L'Art du déplacement : Force, dignité, partage*. Il n'y avait à l'époque qu'une poignée d'ouvrages sur le sujet, et en dehors des travaux académiques de Julie Angel et de quelques documents biographiques, la plupart parlaient de techniques, et *L'Art du déplacement* était peut-être le premier ouvrage à être entièrement consacré à la philosophie de notre discipline. C'était un point de départ, et bien que très personnel et subjectif, il me semble que c'était un plaidoyer assez convaincant. J'ai toutefois réalisé que, même s'il était assez court, ce livre était un brin intello. J'ai donc décidé d'en écrire un second, complémentaire mais plus pratique, que l'athlète-artiste pourrait trimballer aux séances d'entraînement; un ton amical, des chapitres particulièrement courts, avec une idée claire par chapitre. Des perspectives audacieuses, des perles de sagesse, dirions-nous; de quoi alimenter nos réflexions et nous aider à tendre des passerelles entre l'ADD et la vie dans son ensemble. C'est le livre que vous tenez entre vos mains.

Les thèmes sont variés. Nous verrons en quoi passer un obstacle est une métaphore; que d'une certaine façon tous les trajets mènent au centre, à notre essence profonde; que l'esprit répond aux habitudes et qu'il n'en tient qu'à nous d'en développer de bonnes; que la peur peut à la fois être une alliée et nous aliéner; que la marque d'un grand guerrier est parfois de reconnaître et d'accepter ses limites; comment distinguer détermination et entêtement; qu'il existe une vaste et belle *zone d'expansion* entre notre zone de confort et notre zone de panique, et comment y rester; quand se concentrer sur les objectifs plutôt que sur les processus (pour ceux qui veulent un aperçu : rarement!); quand imaginer les pires scénarios; s'il vaut mieux travailler sur nos forces ou sur nos faiblesses; comment trouver *notre* truc; comment équilibrer le yin et le yang dans notre approche du mouvement; que c'est d'abord une histoire d'amour; qu'il existe des façons de guérir le surentraînement et le manque de motivation; que les philosophes grecs et les maîtres bouddhistes ont quelque chose de très précieux à nous faire comprendre dans le contexte de notre entraînement. Tout ça, et bien d'autres idées encore.

J'ai d'abord pensé arranger ces leçons en sections : la volonté, les contraintes, la communauté… Mais j'en suis rapidement venu à voir le tout comme une toile, ou comme un tapis oriental dans lequel les motifs sont repris et évoqués à nouveau. Certes, une première lecture intégrale permet d'y déceler un ordre et de mieux comprendre les références au fil des leçons, mais le tout est conçu de façon à ce qu'on puisse aussi prendre un chapitre au hasard. Un livre à l'image d'un arbre : on cueille le fruit qui semble le plus mûr.

Il y a autant de façons de s'entraîner que de manières d'aborder les leçons de vie. Si certaines de celles qui suivent vous semblent pertinentes, ne les laissez pas sur le papier et empressez-vous de les mettre en pratique; celles qui ne semblent pas s'appliquer à votre situation, oubliez-les!

Art du déplacement, art du dépassement, culture de l'attention et de la bienveillance. Pleine conscience et amour en partage.

— *VT*

- 1 -

LA MENTALITÉ DE CROISSANCE

Certaines choses sont sous notre contrôle et d'autres non, disait le grand philosophe stoïcien Épictète. Notre lieu de naissance, nos parents, notre héritage génétique, le passage du temps sont hors de notre portée, de même que, dans une certaine mesure, la façon dont les gens interprètent nos propos et nos actions, la conjoncture politique et ainsi de suite. Ce que nous pouvons contrôler : le jugement, l'impulsion, le désir et l'aversion, les priorités que nous établissons parmi nos différents objectifs et plus encore, la façon dont nous réagissons aux événements. Les défis et difficultés sont inévitables, mais notre esprit est malléable.

Un facteur déterminant, si l'on veut être entier et heureux, est notre capacité à *voir dans l'adversité des opportunités.* C'est l'une des leçons les plus puissantes de l'ADD : on apprend à se nourrir des obstacles. Notre discipline nous montre la différence fondamentale entre une mentalité figée et une mentalité de croissance. La première nous martèle « je n'y arrive pas », la seconde nous susurre « je peux faire mieux, je peux apprendre ». C'est la différence entre « je suis une nullité » et « j'ai fait une erreur ». La mentalité figée se lamente, « je suis ainsi et ça ne changera jamais »; la mentalité de croissance sait que la vie change constamment, d'autant plus si l'on s'entraîne décemment. *Qui que l'on soit et d'où que l'on vienne.*

Mettre ainsi l'accent sur le changement et la croissance ne revient pas à s'agiter perpétuellement ou à développer une phobie de la stagnation; c'est se rappeler qu'il y a toujours une possibilité d'expansion. L'expansion, à l'image d'un cœur qui s'ouvre toujours un peu plus jusqu'à pouvoir tout contenir. Le simple fait de *savoir* qu'il s'agit d'une possibilité nous procure espoir et énergie, même dans les périodes difficiles.

Certes, adopter une nouvelle attitude qui soit à la fois optimiste et pratique, c'est-à-dire fondée sur la raison, ne se fait pas en claquant des doigts. De fait, Épictète, Marc Aurèle, Sénèque et les philosophes grecs de jadis parlaient, comme nous, d'*entraînement*. Sans tomber dans un vain ascétisme, il faut convenir que de s'habituer à de petites épreuves nous prépare aux plus grandes. On devient ce que l'on fait, et si ce que l'on fait chaque jour, en pleine conscience et avec mille répétitions, consiste à faire face à des obstacles avec effort, dévouement et créativité en dépit de la dureté des surfaces, cette mentalité de croissance élargira bel et bien nos perspectives en dehors de l'entraînement. Viendra un moment où cela fera toute la différence dans notre vie.

Les obstacles sont omniprésents. Les occasions de grandir aussi.

- 2 -

MILLE FAÇONS DE LIRE UN LIVRE

L'amateur de romans passe généralement de la première à la dernière page, dans l'ordre. Il y a une vingtaine d'années toutefois, Daniel Pennac, un écrivain français plein d'esprit, a publié *Les droits imprescriptibles du lecteur*, dans lesquels on nous autorisait notamment à relire et à ne pas lire, à lire ce qu'on veut et à sauter des pages. Rafraîchissant!

Si la lecture traditionnelle demeure la plus fréquente parmi les lecteurs de romans, d'autres types de textes se prêtent à merveille à d'autres méthodes. Certains livres semblent même n'attendre que cela! Souvent, le lecteur peut commencer par l'introduction, afin de mieux cerner le propos de l'auteur – puis il peut zyeuter la table des matières ou choisir le chapitre qu'il désire. Qui pourrait bien lui en vouloir d'écouter son intuition?

C'est précisément ce que fait l'athlète de parkour. Nous contemplons une scène, un endroit, un paysage, et nous nous disons : voici le chemin usuel, mais j'en vois aussi d'autres. Nous voyons de nouveaux points de départs, de nouvelles destinations, de nouveaux passages entre les uns et les autres. Nous voyons des textes inédits, pour ainsi dire : une histoire cachée entre les pages dûment numérotées. C'est aussi l'une des raisons pour lesquelles un dialogue entre les artistes du déplacement et les architectes de paysage serait fascinant : les uns comme les autres regardent les espaces, tiennent compte de l'écologie, découvrent l'esprit des lieux et dévoilent de nouveaux récits.

- 3 -

UNE ROSE QUI POUSSE DANS LE BÉTON

Le terme *résilience* désigne généralement l'aptitude à faire face au changement. Cette notion permet de mieux comprendre les systèmes – dans les domaines de l'écologie et de l'ingénierie, notamment –, mais elle aide aussi à étudier le comportement et le bien-être en sciences sociales. Plusieurs pionniers de la psychologie positive se sont penchés sur la façon dont certaines personnes semblent mieux gérer l'adversité et les circonstances stressantes.

Ces personnes sont mieux à même de reconnaître leurs difficultés, d'y faire face et de les dépasser. C'est une notion fondamentale en thérapie, particulièrement lorsqu'il y a eu un traumatisme.

On se méprendrait si l'on croyait que les gens résilients sont optimistes en tout temps et ne font jamais l'expérience d'émotions douloureuses. Ce qu'ils démontrent, c'est ce que nous pourrions appeler une aisance pour la navigation : ils savent comment s'en sortir, comment s'adapter aux éléments, comment les mettre à profit. On croit parfois qu'il s'agit de talents innés, mais on peut bel et bien acquérir ces aptitudes. Elles ne sont d'ailleurs pas si rares. Il y a d'innombrables témoignages inspirants de prisonniers juifs et tibétains qui n'ont jamais perdu leur compassion pour leurs bourreaux et sont devenus des êtres humains remarquables; de gens ordinaires qui, en plein deuil, ont trouvé force et inspiration; d'adultes qui ont été victimes d'abus dans leur enfance et qui ont fini par trouver un bonheur authentique et même aider les autres qui ont vécu de telles épreuves.

Même si le ton en est généralement plus léger, l'ADD a toujours été un art de résilience. Paris est une ville superbe, mais ses banlieues où notre discipline a vu le jour étaient mornes et étouffantes. Il y avait des tensions entre bandes rivales, et la tentation de choisir la violence plutôt que la tolérance, la drogue plutôt que le sport, les lamentations plutôt que l'enthousiasme, était toujours présente. Pourtant, ces jeunes, précurseurs de la discipline, ont surmonté les contraintes et les souffrances; ils ont utilisé les structures grisâtres pour affûter leur créativité, se faire de nouveaux amis, et de façon plus générale, pour actualiser leur potentiel. Un pratiquant d'ADD devrait laisser une telle philosophie imbiber sa vie.

Dans le bouddhisme, on voit dans le lotus un puissant symbole : de la même façon que cette fleur superbe pousse dans la boue, l'Éveil est toujours possible, et toujours plus fort que l'ignorance et les émotions négatives temporaires; l'Éveil est accessible à tous, pour peu que soient déployés des efforts sincères et patients, et il n'implique pas de fuir nos peurs ou de nier la présence de la boue.

Ceux qui languissent après une métaphore plus urbaine pourront penser à *The Rose that grew from concrete*, que l'on pourrait traduire par « La rose qui a poussé dans le béton ». C'est le titre d'un recueil de poèmes de Tupac Shakur, découvert après sa mort. Les textes, parfois maladroits ou empreints de colère, ont été composés entre 1989 et 1991, avant qu'il n'atteigne la célébrité. Bien entendu, le rappeur, aussi talentueux et dévoué ait-il pu être, semble ne s'être jamais complètement défait de ses problèmes de drogue, et a laissé le vedettariat, l'argent et la violence l'égarer, avant d'être tristement assassiné à l'âge de 25 ans. Mais tout au fond, il essayait.

On peut aussi penser au *Doctor Who* interprété par David Tennant, qui s'exclame tout sourire et de façon mémorable : « Brilliant! You human beings are absolutely brilliant! » Peut-être que le génie auquel il fait allusion est notre potentiel de résilience, notre capacité à faire face et à nous adapter.

Sautons sur les occasions. Adaptons-nous. Élevons-nous. C'est cela même, notre entraînement. Et ça, c'est du génie!

- 4 -

COMBLEZ LE FOSSÉ

Une notion fondamentale dans la culture de la Grèce antique, notamment parmi les héros et les philosophes, était celle de l'*arété*. Elle réfère à l'excellence et à la vertu.

Les Grecs anciens parlaient de la *paideia* – l'éducation des jeunes qui vise à faire d'eux des membres idéaux de la *polis*, la Cité –, et une part significative de ce programme avait trait à l'*arété*. Cela incluait un entraînement physique, intellectuel et spirituel.

Dans les poèmes épiques d'Homère, *arété* est utilisé pour décrire les héros et les nobles, et souvent réfère à la dextérité, à la force et au courage. À d'autres occasions – lorsque Pénélope est complimentée pour son *arété*, par exemple –, il évoque le sens de la coopération. Il faut aussi remarquer qu'à l'époque d'Homère, ce terme s'appliquait autant aux hommes qu'aux femmes, et que l'auteur de l'*Odyssée* l'utilisait pour qualifier des héros grecs comme troyens.

Mais d'une façon plus générale, et c'est l'enseignement que nous devrions honorer aujourd'hui, vivre selon l'*arété*, c'est réaliser notre plein potentiel. Il existe un fossé entre notre *réalité* et notre *capacité*, et vivre selon l'*arété* consiste à le combler, ou à faire en sorte qu'il soit toujours plus étroit. Chaque fois que nous avons l'impression de ne pas être nous-mêmes, chaque fois que nous sommes mécontents, frustrés, déprimés, sans noblesse, c'est l'*arété* qui a été occulté. Reconnaître notre dignité fondamentale, reconnaître notre potentiel et dédier nos efforts à son épanouissement avec sincérité, patience et intégrité, voilà ce qui fait qu'une vie vaut la peine d'être vécue. Ça ne manquera pas de défis, et de nouveaux fossés s'ouvriront constamment, mais d'être à l'affut de ces écarts et de les réduire diligemment fera une différence importante dans absolument tout ce que nous entreprendrons.

Que ferait la meilleure version de moi-même? La réponse n'est pas toujours évidente. Mais de nous poser la question est déjà un signe de maturité.

Il y a des milliers de façons de combler les fossés – de vivre selon l'*arété* et d'actualiser notre potentiel –, et le parkour et l'ADD peuvent certainement nous aider à cet égard.

Cela se fait, comme nous le verrons, d'instant en instant et une étape à la fois.

- 5 -

D'INSTANT EN INSTANT

Chaque saut devrait être bénéfique.

Nous ne disons pas que chaque saut devrait être systématiquement meilleur que le précédent et que vous êtes un raté si ce n'est pas le cas. Mais *chaque saut, chaque passage, doit avoir sa raison d'être.* Il ne s'agit pas de batifoler sans conscience aucune. Certes, notre discipline comporte un aspect de pur plaisir, et parfois nous voulons et devons nous détendre. Ce dont il est question ici, c'est de notre approche de l'entraînement en général, et en particulier de l'entraînement à la technique.

La grande question, c'est : que voulons-nous graver dans notre système ? Une technique négligée, apathique ? Encore une fois, il n'est pas tant question de la « propreté » de l'atterrissage (qui est évidemment importante), mais de la disposition de l'esprit tout au long du mouvement. Quelle que soit la situation, une séance d'entraînement devrait être bénéfique. Si ses bienfaits ne sont pas visibles et immédiats, alors ils peuvent être inconscients et se dévoiler à plus long terme. Et même si l'on se présente à un cours avec une attitude ronchonneuse, cela même présente une occasion de grandir : apprendre à simplement être avec notre inconfort.

Il se peut que nous ayons besoin d'une pause, ou que nous semblions avoir atteint un interminable palier. Mais, pour peu que nous soyons sincères et pleinement présents, d'instant en instant, chaque saut sera bénéfique.

- 6 -

JE CHOISIS DE TOMBER!

Il y a des années, un court-métrage mettant en vedette l'athlète britannique Daniel Ilabaca est paru sous le titre *Choose Not to Fall*, que l'on pourrait traduire par « Choisis de ne pas tomber ». Certains ont fait des blagues sur l'athlète en question, mais la vidéo et la philosophie qu'elle présentait ont inspiré de nombreuses personnes, des jeunes notamment. Daniel partageait un beau récit sur la résilience : le parkour l'a aidé à se sortir de la drogue et lui a fourni une façon de s'exprimer et d'explorer son potentiel. Bien que les exploits démontrés dans la vidéo pourraient induire en erreur quant à la nature de notre discipline – du moins, parmi ceux qui n'y verraient qu'une recherche d'adrénaline –, le court-métrage n'en a pas moins aidé à diffuser l'idée qu'il y a un aspect contemplatif à notre art, et les idées proposées par l'athlète avaient une forte saveur spirituelle. Particulièrement, on y mettait l'accent sur la puissance des *choix* dans l'entraînement.

Toutefois, même si penser que l'on va échouer, que ce soit dans le cadre d'un saut ou d'un projet de vie, peut certainement avoir des effets néfastes sur le résultat, l'inverse n'est pas toujours vrai. La confiance et le courage aident toujours. Mais un pratiquant se doit d'avoir en poche d'autres outils que la foi, et c'est pourquoi nous faisons autant de préparation physique que mentale; nous polissons constamment nos techniques au niveau du sol, nous aiguisons nos capacités d'évaluation, nous cherchons des progressions pertinentes. *L'ADD n'est pas une affaire de pensée magique.* Ce serait idiot et dangereux. D'un autre côté, oui, il vient un moment où l'on doit prendre une décision. *Choisir* sollicite les fibres musculaires, prépare le système nerveux.

Mais aujourd'hui, explorons une autre avenue. Précisément, celle de choisir de tomber. On ne parle évidemment pas du travail en hauteur. Cela a plutôt à voir avec les premières phases d'apprentissage (et il se trouve qu'il y a toujours quelque chose à apprendre). On ne peut rien apprendre si l'on n'admet pas d'abord notre ignorance. Même si l'on se fait offrir le plus délicieux thé qui soit, on ne peut en verser dans une tasse déjà pleine ou posée à l'envers. Si l'on n'accepte pas la possibilité de l'échec, on ne peut rien essayer. Alors, quand on apprend un nouveau type de mouvement, soyons prêts à le rater de temps à autre – soyons prêts à expérimenter, à ne pas toujours tout réussir du premier coup. Certaines personnes orgueilleuses veulent exclusivement *réussir*; d'autres désirent *apprendre*. Devinez qui a tendance à s'accomplir davantage à long terme?

Donc, demeurez vigilant et tâchez de ne pas labourer vos tibias pour des bagatelles. Mais, dans l'ensemble, amusez-vous, explorez, restez humble; soyez prêt à vous salir et à partager des rires.

Tal Ben-Shahar, spécialiste de la psychologie positive et concepteur du cours le plus populaire de l'histoire de l'Université Harvard, a trouvé la formule idéale pour résumer cette idée :

« Apprenez à échouer ou vous échouerez à apprendre. »

- 7 -
CITRONS

Nous avons déjà parlé de résilience. Nous avons imaginé des roses qui poussaient dans le béton, de superbes fleurs de lotus qui s'épanouissaient dans la boue.

Mais nous savons bien qu'il vous arrivera d'ouvrir ce livre au hasard – aussi permettons-nous d'insister sur cette notion fondamentale. Cette fois, avec un peu de zeste.

Quand la vie t'envoie des citrons, dit le proverbe, fais de la limonade. En français, nous dirions parfois « quand la vie te tend une perche, il faut la saisir. » C'est l'esprit de l'ADD. Non seulement cela : pour des fins d'entraînement, parfois nous nous offrons nous-mêmes des citrons. *Aujourd'hui, ne partez pas à la recherche de « l'endroit idéal », faites simplement avec ce qui est.*

Offrez-vous ce qui vous semble être le plus banal bout de rocher ou de mobilier urbain. Et essayez. Changez d'angle, adoptez de nouvelles perspectives… S'il le faut, passez une heure avec votre ennui – ça aussi, c'est quelque chose. Le plus souvent, toutefois, et si vous êtes assez patient et à l'écoute, vous remarquerez à un moment que le rocher commence à murmurer.

« Lorsque la vie t'envoie des citrons, fais de la limonade. » Pas mal… Mais un pratiquant d'ADD expérimenté pourrait donner un peu plus de saveur au précepte. Car rien ne l'empêche de faire une sacrée (et très sucrée) *tarte au citron*!

- 8 -

CONCENTREZ-VOUS SUR LE PROCESSUS

Une excellente façon de vous stresser (nous fournissons également une recette immanquable au chapitre 15) est de ne vous concentrer que sur les résultats.

Tristement, c'est souvent ce que l'on nous encourage à faire. Nous avons été élevés ainsi, et en tant qu'adultes nous sommes l'objet de solides conditionnements sociaux : faire, accomplir, produire des résultats, plutôt qu'être, sentir, apprécier le processus. Nous passons sans nous en rendre compte du qualitatif au quantitatif. C'est l'obsession de la performance et des résultats dits « tangibles ».

Mais l'un des grands enseignements du parkour et de l'ADD est que le chemin est aussi gratifiant que la destination; que parfois il est plus important encore, et que souvent il *est* la destination.

L'histoire des sports professionnels – le golf, le football, le baseball – regorge d'exemples d'entraîneurs qui ont fait gagner à leurs athlètes de grands tournois en leur disant de ne *pas* se soucier du pointage. « C'est le processus qui compte, répétaient-ils comme un mantra, c'est le processus qui compte. Perfectionne ton swing, soit pleinement *là*, délecte-toi du moment présent sans peur aucune, et ne te soucie de rien hormis l'amélioration constante de ton geste… Perfectionne ton swing, encore et encore, jour après jour. Concentre-toi sur le processus et les résultats viendront d'eux-mêmes. »

Dans les classiques des arts martiaux, notamment dans les grands traités sur le maniement du sabre japonais, on nous met aussi en garde contre les dangers que présente le fait de porter trop d'attention au résultat. Cela pourrait insidieusement mettre notre corps-esprit dans un état de tension qui nous fera perdre de précieuses microsecondes à un moment critique. « Ne saisis rien, disent les maîtres, ne laisse pas ton esprit s'attarder sur un objectif. »

On pourrait croire qu'il y a une contradiction avec la leçon 6 dans laquelle nous mentionnons qu'il vient un moment où l'athlète doit prendre une décision et être confiant du résultat. Il n'y a pas de contradiction. Ce que nous disons ici, c'est que dans le contexte plus général de notre entraînement, nous devrions apprécier le processus au moins autant que le résultat. La préparation physique, pour prendre un exemple simple, est aussi importante que le saut proprement dit, plus peut-être, et de fait devrait être tout aussi gratifiante.

Testez souvent vos limites et mettez à l'épreuve vos nouvelles habiletés. Mais, d'une façon générale, attardez-vous surtout à développer un corps-esprit fort, souple et résilient, puis laissez les résultats s'occuper d'eux-mêmes.

Concentrez-vous sur le fait de devenir un bon être humain, et les bénédictions se répandront accessoirement, inévitablement.

- 9 -

MOUVEMENT ET PLEIN ENGAGEMENT

Presque chaque fois que j'ai raté un saut ou un mouvement, j'ai compris *a posteriori* que je ne m'y étais pas pleinement engagé. (On tâche ici de traduire *commit to the move* en évoquant tantôt la notion d'abandon, tantôt celle d'engagement, tantôt celle de dévouement.)

C'est un classique : quelqu'un tente un demi-tour sur barre, a soudain l'impression de ne pas être assez fort et ne s'abandonne pas entièrement à l'aspect « saut » de la technique. Le résultat est ce que nous pourrions appeler un demi-saut, suivi d'une chute mémorable. Mémorable, puisque si le pratiquant n'intègre pas que l'incident n'a été dû qu'à un manque d'engagement, il risque d'y voir une preuve qu'il manque effectivement de force ou de talent, et cela augmentera d'autant plus ses appréhensions.

Se dévouer entièrement au mouvement n'est pas qu'une affaire de confiance et de pleine présence; elle nous protège et nous aide à mieux nous rattraper si les choses ne se passent pas comme prévu.

C'est l'une des principales leçons que l'on peut tirer du travail en hauteur. Dans le long-métrage documentaire *Génération Yamakasi : Vol au-dessus des cités*, Williams Belle amène de jeunes étudiants près d'un saut de toit en toit. Naturellement, même s'ils sont jeunes, ces étudiants se sont entraînés diligemment et sous une supervision adéquate. Mais l'un des garçons court et glisse à la dernière seconde; l'instant d'après il est dans les airs, entre deux bâtiments, battant des bras pour se stabiliser… Moment terrifiant. Mais le jeune athlète arrive à destination sans se blesser. Cela n'est dû qu'à son engagement : il a mis assez de puissance dans son mouvement pour atteindre l'autre toit. Ce n'est évidemment qu'un exemple, qui ne doit d'ailleurs pas être pris à la légère.

Faire les choses à moitié ne convient pas. Nous parlerons de la façon de tester le terrain un peu plus tard; parfois aussi, il faut adapter sa technique ou trouver une étape intermédiaire. Mais quand on *fait*, on fait.

- 10 -

UN PEU TROP LOIN, UN PEU TROP PROCHE

Un saut de précision est très formateur. De même, un saut précédé d'une course.

Un saut de précision précédé d'une course, alors là!

Dans tous les cas, c'est une affaire de calibrage. Il s'agit, par exemple, de bien doser vitesse et puissance. Et curieusement, *plus* n'est pas toujours synonyme de *mieux*.

Si ça ne se passe pas comme prévu et que ma technique n'est pas parfaite, quelle est la meilleure option? L'*undershooting*, comme on dit en anglais – ne pas sauter assez loin? Ou l'*overshooting* – sauter un peu plus loin que ma destination idéale? Voilà une excellente question, d'autant qu'il s'agit souvent d'une affaire de quelques millimètres. On devrait être capable de visualiser et d'évaluer rapidement les *deux* scénarios.

Si l'on atterrit pieds plats après avoir mis trop de vitesse et de puissance dans le mouvement, disons un saut en longueur, et surtout si notre corps n'est pas aligné et si nos pieds le précèdent de beaucoup, alors on risque de glisser. Mieux vaut trouver un saut plus petit, qui requerra moins de puissance mais permettra une bonne technique, ou peut-être faire un saut « de grue » si la situation le permet.

Dans le cadre d'un saut de bras, si l'on devait dévier de la technique idéale, alors il vaudrait mieux mettre les pieds plus bas plutôt que trop haut (du moins si les mains arrivent à destination et si l'on a assez de poigne). En effet, si les pieds sont trop bas sur le mur, ils glisseront; ça risque de sentir le caoutchouc cramé, mais cela ralentira tout au moins le mouvement; on finira sans doute bêtement suspendu dans une position qui requerra une bonne dose de force pour nous hisser, mais au moins on sera resté accroché. Aussi, selon la hauteur, un saut de bras trop bas peut être transformé en un « splat cat », c'est-à-dire que l'on rebondit contre le mur pour mieux retomber sur nos pieds, aisément et de façon sécuritaire. En revanche, si les pieds arrivent trop haut, le risque est de rebondir contre le mur et de tomber, cette fois, sur le dos; même si l'on avait réussi à agripper la barre ou le dessus du mur avec nos mains, la position d'arrivée peut être douloureuse pour le bas du dos. Bien entendu, nous devrions nous entraîner aussi au pire, et explorer toutes les variantes; par exemple, un saut de bras un peu trop haut peut parfois être transformé en saut de grue.

Il existe néanmoins des situations où l'option «trop proche» est la plus sécuritaire. Le parkour est un art circonstanciel, plusieurs facteurs entrent en considération à tout moment pour toute technique, et il s'agit parfois d'une question de grammes et de millimètres.

Il y a quelques années, je m'entraînais à Boston avec de braves gaillards, dont Adam McClellan et Andy Keller de Pennsylvanie, et Christopher Keighley d'Angleterre. Chaque fois que nous faisions des sauts de précision et que nous atterrissions vers le milieu du pied, il y avait toujours quelqu'un pour claironner *#allthemidfoot* (les blagues de type «hashtag» étaient dans l'ère du temps!) C'était une façon amusante de nous rappeler que nous pouvions faire mieux. Il n'en reste pas moins que dans le cadre d'un saut de précision sur une barre, atterrir vers le milieu du pied, s'il ne s'agit pas d'une technique parfaite, semble tout de même plus sécuritaire que d'atterrir uniquement sur les orteils.

Comment appliquer cela à notre vie quotidienne? Parfois, nous mettons trop – ou trop peu – d'énergie ou d'enthousiasme dans un projet. Nous pourrions alors nous demander : si je devais me tromper, quelle serait l'option la plus fiable? Il ne s'agit pas de comptabilité. Il ne s'agit pas, par exemple, de regarder le monde avec mépris et d'en conclure : «cet ami ne vaut pas plus de deux heures de mon précieux temps». Pas du tout! Il s'agit plutôt d'attention, de bienveillance, de discernement, de résilience, et de bonne gestion de nos ressources : souvent, nous en mettrons un peu trop ou pas assez, et cela est parfaitement acceptable, pour peu que nous soyons assez préparés et assez aimants pour faire face à toutes les situations. Y faire face de façon sécuritaire, c'est-à-dire tant pour nous que pour ceux qui nous entourent.

- 11 -

DEMI-MESURES?

Souvenez-vous toujours que l'esprit suit les habitudes.

Et qu'il ne tient qu'à nous de développer de bonnes habitudes.

Interrompre les choses à mi-chemin affecte notre volonté. Cela martèle « je ne suis pas digne » dans notre cervelle.

Imaginez que la plupart des gens dans votre groupe ont pris 30 minutes pour compléter un trajet de quadrupédie. Qu'est-ce qui serait le plus gratifiant : abandonner après 35 minutes, ou accepter que le défi puisse vous en prendre 60?

Si vous vous donnez un objectif, pour peu qu'il soit raisonnable, tentez de vous y tenir. Même si c'est plus long que prévu. Et même si vous avez à vous *adapter*, ce qui est une notion cardinale dans notre discipline. Apprendre à faire les choses complètement et proprement est particulièrement important pour les jeunes.

Il nous faut toutefois distinguer détermination et entêtement. Le courage, ce n'est pas de n'avoir aucune limite; d'être capable d'accueillir pleinement ces limites est même précisément la marque d'un grand guerrier.

- 12 -

NE PAS SAUTER

Tu regardes un saut.

Il te terrifie.

Tu restes là à le fixer, longuement.

Au point que tu as l'impression que le Temps lui-même s'est doté d'une texture différente, une sorte d'élasticité dont tu n'étais pas au courant. Et pour le moment, c'est le cadet de tes soucis. Car tout ce qui compte pour toi se résume à cette question : *vais-je tomber et m'exploser le coccyx sur ce bout de béton?*

Il y a peut-être d'autres gens. Peut-être qu'un ami t'encourage. Vas-y, mon gars, tu peux le faire les yeux fermés. Allez, ma belle! Un autre ami ajoute quant à lui à votre perplexité : tu sais, rien ne t'y oblige, si tu ne le sens pas; ne te casse pas la gueule, hein. Et si tu cesses de regarder le saut un moment, tu aperçois un troisième ami qui, à quelque distance de là, répète joliment et apparemment sans le moindre effort un saut qui est deux fois plus gros.

Tu reposes les yeux sur ton défi. Car c'est ce que c'est : *ton* défi. Certes, ça pourrait être difficile pour des tas d'autres gens, la plupart des promeneurs n'oseraient même pas y jeter un coup d'œil – mais ils ne sont pas des pratiquants de parkour, n'est-ce pas? Pour le moment, ta seule obsession est : dois-je faire ce saut aujourd'hui? Ce n'est pas égocentrique – du moins, pas nécessairement. C'est comme ça, c'est tout.

Étrange, tout de même. Personne ne te force à te torturer ainsi. À la maison, le dernier épisode de ta série préférée t'attend. Tu sautes, tu ne sautes pas : dans les deux cas, tes amis continueront de t'aimer. Tu n'es même pas obligé de le regarder, ce saut! Tu pourrais revenir dans un an, tu sais qu'alors ça ne sera qu'une bagatelle. Pourquoi t'obstines-tu à le regarder aujourd'hui? C'est dingue : tu ne bouges pas et tu sues. Ton système nerveux est hyperactif et tes muscles s'activent à ton insu… Pfff, ce n'est qu'un saut. C'est tout proche. VAS-Y, ENFIN!

Et puis – et puis, tu t'éloignes.

Ce n'était pas le bon moment. Et c'est parfait ainsi.

Tu pourrais faire la marche de la honte, queue entre les jambes. Nous l'avons tous déjà faite à un moment ou à un autre (plusieurs fois?) et dans une sphère ou une autre de nos vies (plusieurs sphères?). Nous sommes obnubilés par la performance et prenons les choses si sérieusement. Aujourd'hui, nous pourrions rentrer à la maison avec l'impression désagréable de n'avoir rien appris. Tous les autres ont cassé un saut! Tous les autres ont fait face à une peur!

Tu sais quoi? *Toi aussi.* Tu as fait face à ta peur. Faire face, comme dans: se familiariser avec. Se lier d'amitié, peut-être. Nous apprenons beaucoup lorsque nous chutons; apprendre à nous relever est d'ailleurs ce qui fait la différence sur le long terme. Mais souvent, nous apprenons tout autant en ne faisant pas un saut qu'on sait ne pas être adéquat pour nous à ce moment-ci. Plutôt que d'enseigner à ton esprit «tu as essayé ce saut et tu as échoué», genre de propos qui pourrait miner ta confiance, ce qui demeure est essentiellement une *possibilité*. Compris ainsi, cela peut être très créatif.

Tu as pu passer pas mal de temps – des minutes, des heures – avec ta peur. N'est-ce pas courageux? Ceux qui n'ont jamais suivi notre entraînement ne connaîtront peut-être jamais exactement cette sensation. Car, en fait, lorsque tu regardes le saut, le faire et ne pas le faire sont deux possibilités bien réelles l'une et l'autre. C'est un dilemme éprouvant. Quelle que soit la raison – n'être pas certain de notre courbe d'apprentissage, récupérer d'une blessure et ainsi de suite –, ne pas faire quelque chose est parfois le choix le plus mature et l'expérience la plus enrichissante. Rien ne sert de nous taper sur la tête. Dan Edwardes a déjà bien formulé cette idée: «Parfois, ne pas sauter fait partie de notre discipline.»

- 13 -

REMARQUER DE NOUVEAUX SAUTS

C'est sans conteste la même ville.

Pourtant, des univers entiers s'ouvrent constamment.

Vous vous êtes beaucoup entraîné dernièrement et où que vous alliez, vous remarquez de nouveaux sauts. C'est comme s'ils n'existaient pas avant aujourd'hui – en fait, une bonne part d'entre eux ont toujours été là, mais vous ne les voyiez pas. Affaire d'échelle, de volume. Un insecte minuscule n'est pas nécessairement conscient de l'immense bête qui rôde dans les parages, et vice versa.

Remarquer un nouveau saut, alors qu'il a toujours été là, témoigne souvent d'une amélioration dans vos capacités. Remarquer de *nombreux* sauts, même si certains vous font frémir, peut indiquer que vous êtes sur le point de franchir un palier important. Vient un moment où l'intuition, la créativité et la confiance convergent et nous ouvrent de nouvelles perspectives. C'est la raison pour laquelle s'entraîner avec des pratiquants plus expérimentés est inspirant : ils voient des choses. Ils voient littéralement de nouveaux chemins et passages.

Une fois, en promenade avec quelques amis, dont Jonathan St-Pierre de Québec et Chris « Blane » Rowat de Londres, nous sommes allés regarder un assez gros saut de bras. Certains d'entre nous ont été immédiatement terrifiés, d'autres ont simplement continué leur chemin sans porter attention à « cette folie ».

Chris a alors fait une remarque intéressante. Si un saut nous effraie, cela peut indiquer que nous avons ce qu'il faut pour le faire, ou tout au moins que ce saut se rapproche de notre cercle de possibilités. S'il était largement au-delà de nos capacités, notre système nerveux ne s'en formaliserait pas, nous hausserions simplement les épaules avant de continuer notre chemin, indifférents.

Je me suis alors rappelé avoir lu une étude en psychologie à ce propos. Des bébés avaient été placés sur une plaque de verre élevée; les chercheurs ont étudié leur rythme cardiaque et les signes de peur et d'anxiété. Les bébés qui étaient trop jeunes pour se déplacer par eux-mêmes ne montraient aucun de ces signes. Seuls ceux qui étaient capables d'avancer en rampant ou de marcher manifestaient de l'anxiété. Le fait est qu'avant cette période, les nourrissons sont toujours tenus pas un adulte vigilant et aimant : biologiquement, ils n'ont pas de raison de craindre une chute. À partir du moment où ils deviennent plus autonomes dans leur déplacement d'un point A à un point B, il y a un risque – d'où la peur. Donc, dans ce cas, les peurs, disons les saines et les rationnelles, ne voient le jour que lorsqu'elles ont une raison d'être.

Naturellement, on ne devrait pas utiliser une telle logique pour tenter des exploits qui ne sont clairement pas de notre niveau. La peur est là pour nous protéger et il arrive qu'elle indique qu'en effet, nous ne devrions pas faire telle chose, ou bien pas maintenant. L'art, c'est d'apprendre à faire la distinction entre ces myriades de nuances. Mais ces excursions sont fascinantes et tout athlète de parkour et d'ADD devrait se familiariser avec ces mécanismes.

- 14 -

LE *PRÉ*-ENGAGEMENT

D'accord, le préfixe paraît redondant. La notion d'engagement n'implique-t-elle pas déjà une certaine chronologie? Et n'avons-nous pas déjà évoqué ce sujet dans la leçon 9?

Ici, nous nous référons au plus long terme – à nos objectifs en tant qu'athlète ou en tant qu'être humain en général. Si vous tentez de vous débarrasser d'une habitude, par exemple, ou d'en prendre une, il y a des moyens de vous faciliter la tâche. Quelqu'un qui désire arrêter de fumer s'assurera qu'il ne restera plus de cigarettes dans la maison et évitera, tout au moins pour un temps, de s'entourer de fumeurs. C'est un pré-engagement : au moment même où cette personne décide d'arrêter de fumer, elle prend sa décision pour le lendemain. Elle sait que si l'option est à portée de main, ce sera beaucoup plus difficile de prendre une bonne décision. Demander à un ami de vous emmener faire un jogging trois fois par semaine pendant deux mois est un pré-engagement. Il en est de même de dire à tout le monde de surveiller votre blogue hebdomadaire de poésie.

L'un des plus grands exemples de pré-engagement dans l'histoire de la littérature nous provient de l'*Odyssée*. C'est l'un des grands poèmes épiques attribués à Homère, et l'une des plus vieilles œuvres littéraires du monde occidental. On y raconte le retour du héros Ulysse qui, après la guerre de Troie, met dix ans à revenir dans son île d'Ithaque. Dans une scène célèbre, Ulysse et ses marins doivent contourner le territoire des sirènes, dont les chants sont connus pour ensorceler les navigateurs et les mener à leur perte. Le héros rusé désire entendre les sirènes, mais sait bien que cela lui ferait perdre le contrôle de lui-même… Il veille donc à ce que ses marins se bouchent les oreilles avec de la cire, puis se fait attacher au mât.

Dans quels aspects de notre entraînement la notion de pré-engagement peut-elle nous aider? Dans quels aspects de notre vie? Nous avons tous des idées romantiques à propos de la liberté, nous aimons avoir du choix… Et s'il y avait des situations où *limiter* nos options était la meilleure chose à faire?

- 15 -

UNE RECETTE INFAILLIBLE POUR SE STRESSER

Il existe une excellente recette pour se faire du mauvais sang.

C'est très facile et ça marche à tous les coups.

En plus, il n'y a que deux ingrédients!

Petit-déjeuner ou repas du soir, ça fonctionne aussi bien. Et l'on peut aisément l'adapter, que l'on soit seul ou avec un groupe de deux mille comparses (« deux tables de mille, s'il vous plaît! »).

Les deux ingrédients?

Être impatient et *ne penser qu'à soi.*

C'est tout. Dans l'entraînement, ou dans quoi que ce soit dans la vie.

Porter trop d'attention aux résultats et vouloir les atteindre rapidement alimente l'anxiété et la déprime, et augmente les risques de blessures.

Tout ramener à notre petite personne nous fait manquer de perspective; on perd contact avec notre nature profonde, avec l'essence de notre discipline; on se coupe d'une source d'énergie bien tangible. À trop nourrir l'ego, il enfle, finit par se fragmenter ou par devenir hypersensible.

Donc, la prochaine fois que vous vous sentirez stressé, prenez un peu de recul, respirez profondément, et vérifiez vos ingrédients. Qu'y a-t-il d'autre dans le placard?

- 16 -

NE SOYEZ PAS CE GARS-LÀ

Chris Rowat, un coach extraordinaire aussi connu sous le nom de Blane, a déjà écrit cette note qui en a touché plus d'un :

Le gars qui sort de nulle part et fait nonchalamment un saut que son ami essaie de casser depuis 10 minutes? Ne sois pas ce gars-là.

Sachez ce que c'est que l'amitié. C'est même l'une des choses que l'ADD nous apprend.

Parfois, on peut inspirer, ou créer de nouveaux points de référence (voir la leçon 75). Parfois, il faut briser la glace, pour ainsi dire, et démontrer qu'un saut est « faisable ». Mais là encore, nous devrions être vigilants : un pratiquant mature devrait être en mesure d'évaluer par et pour lui-même s'il est capable de faire quelque chose.

Il faut toutefois comprendre que chacun a ses défis propres, et que ce n'est pas systématiquement une mauvaise chose si un pratiquant fait de plus grands sauts ou une série supplémentaire de planches. L'idée n'est-elle pas de commencer là où nous sommes et de progresser tous ensemble?

Mais il y a une façon de faire les choses et l'attitude compte. Certes, notre égo est souvent meurtri dans l'ADD, surtout au cours des premières années. Mais ne suscitez *jamais* chez quelqu'un un sentiment de honte ou de disgrâce. Notre discipline proclame la dignité fondamentale de tout un chacun.

- 17 -

SOYEZ CE GARS-LÀ

Au cours de mes premières années en tant qu'enseignant d'ADD, et il m'a fallu un bon moment avant de le réaliser, j'étais constamment dans l'anti-discours. Troublé et attristé par la vue de déshonneurs portés à notre discipline, je faisais constamment référence à ce qu'il fallait éviter de faire, plutôt qu'à ce qu'il fallait faire. Constamment à rappeler aux étudiants les dangers d'utiliser la pratique pour nourrir notre ego, de ne pas être vigilant, et ainsi de suite. Cela était aussi vrai dans ma philosophie et mon propre maintien : je me concentrais pour beaucoup sur ce que je désirais éviter, tant dans ma carrière que dans ma vie spirituelle. Un bon ami, l'auteur Rémi Tremblay, m'a aidé à voir les limites d'une telle approche. Le cerveau, dit-on, a de la difficulté à traiter la négation : lorsqu'on tambourine « ne fais pas x », il risque d'entendre précisément le contraire (ou plutôt, l'ordre au cerveau s'annule).

Donc, plutôt que de penser « voici ce que je ne veux pas devenir », pensons « voici ce que je veux et peux devenir ». La pensée « je ne veux pas me blesser » est utile, mais jusqu'à un certain point seulement. De plus, *au lieu de contempler les désavantages de ne pas faire quelque chose, réjouissez-vous des bienfaits qu'on gagne à le faire.* Par exemple, plutôt que de trompeter sur les risques qu'il y a à ne pas faire assez de préparation physique, il vaut mieux parfois contempler les bienfaits d'un entraînement sain, complet et régulier. Ce simple changement de perspective vous donnera plus de carburant – et cette joie est plus contagieuse que l'approche « sécuritaire et coincée ».

Mais cette alternance entre « ne soyez pas ce gars-là » et « soyez ce gars-là » comporte une autre nuance. Lorsque nous visualisons la personne que nous aimerions être, assurons-nous de ne pas chercher à devenir *quelqu'un d'autre*. Certes, le changement est dans la nature même des choses, et d'un jour à l'autre nous ne sommes « ni identiques, ni différents ». Mais le fait est que l'ADD est un chemin vers l'authenticité. Lorsque nous mentionnions la notion grecque d'*arété* dans la leçon 4, nous parlions de l'actualisation de notre potentiel – pas de l'actualisation du potentiel de quelqu'un d'autre. Pour être heureux et nous sentir entiers, nous devons combler l'écart entre notre *réalité* et notre *capacité*, mais pour ce faire, nous devons méditer sur ce que cette *capacité* représente pour nous.

Alors, ayons les idées claires, soyons positifs, et devenons la meilleure version de nous-mêmes!

- 18 -

LE CHEMIN COMMENCE LÀ OÙ VOUS ÊTES

La Voie commence là où vous êtes est le titre d'un livre de Pema Chödrön, une moniale bouddhiste américaine de la lignée du grand Chögyam Trungpa. Elle habite et enseigne à l'Abbaye Gampo en Nouvelle-Écosse, le premier monastère tibétain établi en Amérique du Nord à l'attention des Occidentaux. Ani Pema Chödrön est une auteure prolifique ayant parmi ses thèmes de prédilection le courage et la bienveillance dans le monde conflictuel d'aujourd'hui.

Elle explique de façon très claire qu'il n'y a qu'un seul endroit où l'on peut commencer à cheminer, et que cet endroit est là où nous sommes. Ce n'est pas comme s'il y avait ailleurs une route parfaite et ensoleillée que nous devrions d'abord atteindre. Le chemin est le chemin, le premier pas est le premier pas. Ça semble simpliste formulé ainsi, mais nous avons tendance à attendre que les conditions «optimales» apparaissent par magie et à constamment repousser ce que nous savons pourtant essentiel. Mais comment affirmer avec certitude que la situation actuelle ne soit pas optimale? Il n'y a que l'instant présent. *Quand tout s'effondre* (accessoirement un autre titre de l'auteure), quand la vie nous crache au visage des situations qui semblent loin d'être idéales – ce sont souvent ces moments qui recèlent les plus grands apprentissages. Il ne s'agit pas de nier la souffrance, au contraire; ni de faire fi de tous nos plans; ni d'être naïf ou de simplifier à l'extrême nos problèmes. Ce dont il s'agit, c'est de reconnaître que le chemin englobe *tout*, que nous pouvons toujours (et seulement) partir de là où nous nous trouvons.

Nos frustrations, nos peurs, nos doutes, nos préjugés, notre mélange unique de talents et de fragilités – qui a dit que c'était des obstacles insurmontables? Lorsque nous étudions la vie des grands maîtres, nous réalisons que la plupart d'entre eux n'avaient pas reçu de conditions «optimales», bien au contraire. Siddharta Gautama a d'abord eu à faire avec un père protecteur à l'excès; il passa ensuite par des années d'ascèse avant de réaliser que cette voie ne menait pas à l'éveil. Jésus s'est frappé à mille obstacles et préjugés. La position philosophique prise par Gandhi a dérangé une structure sociale au grand complet. Etty Hillesum a écrit ses lettres et journaux, qui évoquent son cheminement spirituel et ont inspiré d'innombrables lecteurs, pendant l'Occupation et depuis le camp de transit de Westerbork. Ce serait tout un euphémisme que d'affirmer que Sa Sainteté le Dalaï-Lama, le Vénérable Thich Nhat Hanh, Nelson Mandela, Martin Luther King et Aung San Suu Kyi ont dû relever des défis. La liste pourrait continuer indéfiniment. Ces gens remarquables ont été assaillis par des émotions douloureuses. Ils ont tous commencé quelque part.

En outre, Pema Chödrön nous encourage à réfléchir à l'usage que l'on fait de mots comme «changement», «métamorphose»,

« transformation ». Parfois, on veut tant changer que, sans nous en rendre compte, nous voulons devenir *quelqu'un d'autre*. C'est aliénant et irréaliste. Ce n'est donc pas comme avoir un matériau et l'échanger pour un autre; plutôt, c'est comme de sculpter, polir, dévoiler la beauté naturelle de ce qui se trouve déjà là.

En essence : accueillir et apprendre à faire avec *ce qui est*. Le corps, l'esprit, l'environnement, les défis, les situations. Tout se transformera, tout évoluera, rien n'étant de façon permanente et inhérente ce qu'il semble être. Mais si nous voulons devenir de grands artisans, nous avons d'abord à tout admettre, avec bienveillance.

La valeur d'un tel enseignement dans le contexte de l'ADD est évidente. Commencez là où vous êtes. Faites avec ce qui est.

- 19 -

UN MOT

C'est parfois un excellent exercice que de tenter d'exprimer clairement ce qui nous touche le plus dans notre discipline.

La première fois que j'ai participé à une certification ADAPT – nous étions à Columbus en Ohio –, un des instructeurs principaux a demandé à chacun de choisir un mot qui résumait ou inspirait leur pratique.

Plusieurs ont proposé des mots comme « force », « énergie », « concentration », « persévérance ». Celui qui m'est immédiatement apparu à l'esprit était « valeurs ».

Un an ou deux plus tard, le même exercice a refait surface lorsque je donnais un coup de main pendant une autre certification –

nous étions alors à Québec. Je me suis fait la réflexion que le mot que j'avais originellement utilisé, « valeurs », en plus d'être vague, pouvait aussi être dangereux : il est facile de *parler* de valeurs et de ne pas changer notre comportement; d'une personne à l'autre *valeurs* peut signifier quelque chose de complètement différent, voire opposé; en outre, nombre de conflits font précisément surface lorsque nous cristallisons nos « vérités ». Le mot qui m'est donc venu cette fois-là était « amour ». Certains ont dû trouver cela curieux, mais c'était bien un thème central pour moi.

Ce mot, ce thème, changera au fil des années et au fil des jours. Cela nous aide toutefois à clarifier notre démarche – et à apprécier le chemin et non la seule atteinte de l'objectif – que de nous arrêter parfois pour nous demander : qu'est-ce qui m'apporte de la satisfaction dans tout ça? De quoi est-il vraiment question? Qu'est-ce qui, dans ce sport ou dans ce projet, me touche, me motive, me nourrit – et m'aide à grandir et à rayonner?

- 20 -

TROIS MOTS

La réponse à la question « quel est le mot ou le thème qui m'inspire? » changera constamment.

Si nous cherchons à exprimer notre approche globale de l'entraînement, nos thèmes cardinaux, notre direction dans la vie en général, alors l'exercice des trois mots peut aider à fournir une réponse plus durable.

Quand j'ai écrit un premier livre sur la philosophie de notre discipline, *L'Art du déplacement*, j'y ai ajouté le sous-titre *Force, dignité, partage.* J'aimais cette triade, elle me semblait toute naturelle. Dans plusieurs cultures et religions, c'est un nombre commun : dans le bouddhisme il y a les Trois Joyaux du Refuge, les Trois Kayas et ainsi de suite, dans le christianisme il y a la Sainte Trinité… Le parkour n'est évidemment pas une religion, mais il n'en reste pas moins que ces triades ont quelque chose d'inspirant.

« Force, dignité, partage » a touché de nombreux pratiquants. À l'Académie québécoise d'art du déplacement, par exemple, nous avons imprimé des bracelets avec ces trois mots. Un tel bracelet sert de pense-bête quant aux valeurs de la discipline : à tout moment, on peut apercevoir notre poignet et nous souvenir, « je suis digne et il en va de même de tout être vivant », ou « c'est vrai, il n'y a pas que ma petite personne ».

Plus tard, d'autres personnes ont voulu utiliser ces trois mots dans d'autres contextes, comme s'ils représentaient les valeurs cardinales de notre discipline, une sorte de slogan officiel. Mais cette formule n'a pas, par exemple, été proclamée par les fondateurs de la discipline; il ne s'agit que de thèmes qui, selon moi, englobaient tout le reste. Chacun d'entre eux est étonnamment vaste et peut être abordé selon différents angles. La vitesse, l'endurance, la compassion, le respect de soi, l'humilité – tout y est, si l'on y regarde de près.

Nous pourrions aussi trouver une autre formule avec l'acronyme d'*art du déplacement*, ADD. Disons : *attention, détermination, dignité.* L'attention portée aux détails, à l'environnement, à notre niveau d'énergie, aux gens qui nous entourent, aux sensations, aux textures… La détermination à apprendre, à grandir, à aider, à partager, à être fort pour être utile, à continuer d'ouvrir notre cœur. Dignité : invariablement reconnaître et rappeler la nôtre et celle de tous les êtres vivants; aider les frères et sœurs humains à découvrir leur héritage, leur inspirer l'actualisation de leur potentiel.

On verra que de choisir un mot qui nous inspire au présent, et en choisir trois qui résument notre approche dans les trois temps – passé, présent, futur – sont deux exercices différents, mais également nourrissants l'un et l'autre. Dans les deux cas, il s'agit de ne pas oublier l'essence de notre pratique et de trouver notre propre cohérence. Chaque fois que nous semblons avoir atteint un palier, chaque fois que nous manquons de clarté ou sentons la déprime pointer, ces outils pourraient nous être précieux.

- 21 -

UNE HISTOIRE D'AMOUR

Les étudiants me regardent parfois d'un air amusé.

De quoi parle donc cet instructeur? Nous sommes ici pour l'entraînement spartiate et le voilà qui parle d'*amour*?

Si vous manquez de bienveillance à votre égard, et nous mentionnons au cours de ce livre différentes façons d'éviter cet écueil, vient un moment où les entraînements spartiates vous usent. Vous perdez patience en tentant d'apprendre de nouveaux mouvements et ne les fignolez point. Vous vous donnez du piètre carburant et votre joie s'étiole.

Si vous ne vous attardez qu'au *moi, moi, moi*, et ne partagez pas votre énergie avec vos frères et sœurs, ce n'est pas de l'ADD. Donnez à votre sport ou à votre discipline un autre nom, dans ce cas.

Si vous portez sur vos concitoyens un regard empli de mépris et de ressentiment, vous ne serez guère toléré longtemps dans vos lieux d'entraînement favoris; en outre, un manque de courtoisie nuit directement à l'image de notre discipline.

Et, de façon très tangible, les techniques elles-mêmes doivent s'accompagner de douceur et d'amour. Nous travaillons avec des surfaces dures – l'acier, la brique, le béton. Chaque jour. Si vous balancez votre agressivité sur un mur de béton, il vous le renverra aussitôt. Et devinez quoi? Le mur gagnera.

Alors, oui, parfaitement, John Lennon avait raison. *All we need is love* ! L'ADD, c'est une histoire d'amour.

- 22 -

LES QUARANTE-HUIT AUTRES

On entend parfois parler d'une «immense communauté de parkour». Ses représentants s'enorgueillissent de rassembler une cinquantaine de gaillards un weekend sur deux. Cinquante! Toutefois, lorsqu'on rencontre enfin ce groupe, on réalise qu'il y a, disons, deux athlètes extraordinaires qui s'exercent à des sauts impressionnants – et environ quarante-huit autres jeunes qui les regardent ébahis. Et cette ambiance perdure tout l'après-midi.

Ceci n'est pas une communauté, mais l'illusion d'une communauté.

La taille du groupe importe peu. Comparez le premier avec une petite équipe de gens dévoués qui se rencontrent trois fois par semaine et font tous ensemble des traversées et des exercices d'équilibre…

Bien entendu, chacun a ses forces, et chacun devrait être en mesure de trouver des défis qui lui conviennent. Mais il devrait y avoir un brin d'effort partagé; d'où que l'on vienne, on devrait pouvoir progresser ensemble. Il faut un sens de la communauté : non pas une admiration à sens unique, mais une inspiration mutuelle et un partage d'énergie.

En outre, une vraie communauté d'ADD est une partie intégrante, active, positive, d'une plus grande collectivité. Le comportement d'une bande de pratiquants qui rôdent dans la ville, surtout s'il s'agit d'adolescents qui doivent déjà faire face à un lot de préjugés, a une incidence sur l'image de notre discipline. Négative, ou positive – il n'en tient vraiment qu'à chacun d'entre nous.

- 23 -

APPRENDRE UNE NOUVELLE LANGUE

Parfois, il est utile de voir cela comme l'apprentissage d'une langue.

Il y a la calligraphie – le nouvel **alphabet**. Ça, c'est comme les muscles et les principaux éléments du corps. Les exercices d'écriture à la main évoquent le conditionnement physique. Les accents et les symboles, la souplesse et la densité. Tout comme les mots sont composés de lettres diverses, tous les mouvements individuels ont des composantes distinctes mais récurrentes.

Viennent ensuite les **règles de grammaire**. La conjugaison. Atterrir sur la plante des pieds et solliciter les muscles. Éviter de mettre le genou sur l'obstacle pour y grimper… Si l'on ne suit pas les règles grammaticales de base, les gens peuvent mal nous comprendre. Il y a des mésententes graves, immédiates – se bousiller le tibia – et d'autres insidieuses et à plus long terme – l'inflammation due à la répétition d'un mauvais mouvement.

Vient alors le **vocabulaire**. Apprendre de nouveaux mots, des techniques spécifiques. De la même façon que l'on peut choisir parmi une vaste gamme de mots pour exprimer une idée, il existe des tas de façons de passer un obstacle. Certains mots réfèrent à des objets du quotidien et sont donc faciles à comprendre et à utiliser; d'autres sont des catégories ou réfèrent à des concepts plus abstraits; certaines techniques sont complexes et dépendent d'une multitude de facteurs.

Ce n'est qu'après avoir acquis suffisamment de vocabulaire que l'on peut commencer à s'exprimer. D'abord, nous apprenons des phrases comme « Où sont les toilettes? » Puis, nous devenons plus autonomes et efficaces. Pour peu que nous suivions les grandes règles de grammaire, de sécurité et de courtoisie, nous pouvons constamment créer de nouvelles phrases, exprimer de nouvelles idées, partager de nouvelles informations. Tenter de mémoriser un discours peut être utile au tout début de l'apprentissage – les étudiants en langues anciennes copieront souvent des poèmes pour se faire à la graphie –, mais se forcer à répéter continuellement les phrases d'autrui devient rapidement vain. De même, il serait vain de toujours crier : si nous nous adressons à un vaste groupe, nous parlerons fort, avec clarté et leadership, mais nous ajusterons le ton si nous prenons le thé dans la tranquillité d'un salon. Si nous voulons bien faire les choses – et être invité pour le thé la semaine suivante, c'est-à-dire, ne pas nous blesser –, nous ajustons la puissance de nos mouvements en fonction de la taille et des caractéristiques de l'obstacle. Les grands orateurs et les athlètes d'ADD ont ceci en commun : ils savent s'adapter.

Donc, la calligraphie, la grammaire, le vocabulaire. Vient un moment merveilleux où nous pouvons nous exprimer selon une multitude de formes : un poème, un chant, une nouvelle, un roman, un essai.

Certains mots sont désagréables. Certains sont racistes – toujours vilains. D'autres ne sont mauvais que selon les circonstances – ils ne sont pas très gentils, mais permettent parfois de faire comprendre un message. Certains mouvements donnent une image distordue de notre discipline. D'autres sont sympas de temps à autre, mais si on en abuse ils déglinguent notre dos. En outre, même si nous lisons beaucoup, nous pouvons toujours apprendre de nouveaux mots; quant à certains d'entre eux, nous aurons beau les avoir vus cent fois, nous ne serons jamais certains de la façon de les prononcer.

On peut également faire des emprunts auprès d'autres langues. Le mot « thé » dérive d'un mot chinois – il est passé par une ribambelle d'intermédiaires, mais les choses évoluent. En fait, l'Histoire et l'étymologie nous montrent que la plupart des langues se forment naturellement à partir d'interactions. Plusieurs mots que nous utilisons aujourd'hui ont des racines grecques ou latines, sujet en soit fascinant. En plus de ces usages admis, on peut également emprunter un mot étranger pour exprimer une idée contemporaine. Par exemple, de nombreux francophones utilisent des expressions de langue anglaise; cela peut pimenter nos propos; mais à les utiliser compulsivement on en vient à ne vraiment maîtriser aucune de ces deux langues. Le parkour n'est pas de la gymnastique. Le *CrossFit* n'est pas du parkour. Il n'y a qu'un brin d'étymologie en jeu. L'étymologie est naturelle et l'inspiration est saine; la dilution est quant à elle indésirable.

On entend parfois un long mot qui est supposément riche de sens et n'en demeure pas moins incompréhensible. Il ne s'agit peut-être que d'un travail universitaire, ou d'un quidam qui tente d'impressionner ses beaux-parents… Parfois, nous comprenons le mot et en apprécions la sonorité unique, mais nous ne voyons vraiment pas dans quelle situation nous pourrions le mettre à profit.

Pas de quoi s'en faire. Car c'est précisément ce qu'il y a de merveilleux à apprendre une nouvelle langue : si d'utiliser les mots « pas de quoi s'en faire » et « ribambelle d'intermédiaires » dans la même page paraît la meilleure façon de transmettre une idée, qu'il en soit ainsi!

- 24 -

JOURS DE REPOS

Une ou deux fois par semaine, vous pouvez prévoir un jour de récupération. De récupération *active*, j'entends.

Une nourriture saine. Des douches contrastées ou un bain chaud. Des automassages et des exercices de relâchement myofascial. Des exercices respiratoires ou méditatifs s'ils ne font pas déjà partie de votre routine quotidienne. Et une longue séance d'étirements, truffée de chouettes exercices de mobilité.

Si vous avez l'habitude de faire des étirements expéditifs à la fin de vos entraînements, en ne les maintenant que quelques secondes pour « remettre les choses en place », ne tenez pas pour acquis que cela suffise pour vraiment gagner en souplesse. Offrez-vous régulièrement des séances dédiées.

Si c'est un jour de récupération ou qu'il vous semble qu'un entraînement spartiate ne sera pas optimal, alors un peu de cardio ou des exercices d'équilibre plus contemplatifs – comme de marcher sur une barre – peuvent aussi être bénéfiques.

L'astuce, c'est de voir dans la récupération une partie intégrante de votre entraînement. Croire que l'entraînement n'implique que des pompes et des sauts, c'est faire preuve d'étroitesse d'esprit. Si nous voyons dans les exercices de souplesse et de mobilité quelque chose d'indépendant et d'inférieur, nous négligerons un aspect fondamental de notre gestion de la santé, de la durabilité et de la performance.

Ce principe est à l'œuvre dans notre vie de tous les jours. L'apprentissage ne se produit pas uniquement lorsque nous avons le nez dans les livres; nous intégrons l'information entre les séances d'études, les conversations et les événements. La nuit, nous dormons. Nous travaillons à l'ordinateur, sommes distraits et regardons un oiseau par la fenêtre : nous ne perdons pas nécessairement notre temps. De même qu'il nous faut offrir à notre corps les conditions optimales pour l'homéostasie, nous devons laisser à notre intuition, à notre inconscient, l'occasion de digérer et de déchiffrer. En outre, nous ne devenons pas tant plus forts au moment même où nous soulevons un poids qu'après, lorsque les fibres se reconstruisent. Certes, les réflexes de motricité se forment grâce aux répétitions, mais il y a aussi une magie à l'œuvre pendant le repos et entre les séances.

Alors, ne boudez pas les étirements, la relaxation et le reste.

Bien faite, la récupération *fait partie* de l'entraînement.

- 25 -

JOURNÉES PUR PLAISIR

Vous vous sentez moche comme tout.

Vous n'avez pas d'énergie. Vous avez mal partout, ce qui est d'autant plus déprimant que vous vous êtes toujours perçu comme une personne en santé. Les charnières manquent d'huile. Et un sale petit nuage noir s'obstine à vous suivre partout.

Étrange. Ne devriez-vous pas être au sommet de votre forme ? Vous vous entraînez beaucoup, ces temps-ci…

C'est peut-être le problème : peut-être vous êtes-vous trop entraîné. Le concept de surentraînement n'est pas un mythe. Tout athlète professionnel connaît cet écueil et sait qu'il ajoute de la grisaille aux journées. Si l'on n'en prend pas soin, les choses peuvent s'aggraver.

Le surentraînement peut être rare dans le parkour et l'ADD, en dépit de l'intensité de nos séances de conditionnement physique. Des valeurs nous animent, une communauté nous épaule, la variété et le sens de l'aventure nous titillent. Explorer nos limites et agrandir notre zone de confort est notre travail quotidien. Mais il y a des façons de le faire, et certaines de ces façons ne sont guère durables.

J'ai remarqué, lorsque des pratiquants semblent ainsi à plat, que cela est souvent dû au fait de ne pas avoir su écouter leur cœur, d'avoir manqué de souplesse mentale, de trop s'en être mis sur les épaules – en peu de mots, d'être obsédé par les résultats.

Si cela vous arrive, n'hésitez pas à utiliser les ressources de votre communauté. Parlez-en aux amis. Laissez-les vous remonter le moral. Permettez-vous d'être aimé, ému, triste ou fatigué. Parfois aussi, nous avons simplement besoin d'une pause.

Mais généralement, le petit nuage noir est un rappel, un appel au plaisir. Notre discipline est bien plus qu'un simple passe-temps, mais il ne faut pas oublier non plus la composante de *pur plaisir*! Offrez-vous une telle journée : explorez, expérimentez. Des défis créatifs. Quelques défis idiots, aussi. L'esprit d'enfance. La curiosité et l'émerveillement. Devenez ces gnomes ou ces lutins espiègles auxquels vous croyiez étant enfant. Un chevalier, un singe, un héros de l'Olympe ou un danseur contemporain, qu'importe. Abandonnez la pensée militaire pour une journée et amusez-vous.

Une conception trop étroite de notre discipline la stérilise. Changez de décor. Certes, l'histoire de l'ADD parle de la ville d'Évry, mais également de Sarcelles et de ses espaces naturels. Nous discipline est communément associée aux paysages et au mobilier urbains, mais tentez de vous entourer de verdure, de temps à autre. Sentez comme la mousse est glissante, voyez comme les formations rocheuses sont inégales. Enlacez un arbre! Et qu'importe, si vous faites peu de vos passements habituels. Qui a dit que le trekking n'était pas un

« art du déplacement » ? Un pan de montagne luxuriant est un merveilleux et nourrissant obstacle.

Vous pouvez même prendre quelques jours de repos et explorer une autre discipline. Demandez aux jeunes du quartier de vous apprendre à lancer un ballon de basketball. Suivez un cours de tai-chi. Jonglez. Vous pourriez être surpris du pouvoir rafraîchissant de ces expériences!

- 26 -

BESOIN D'ÉNERGIE

Des sources d'énergie excellentes et naturelles? De la *vraie* nourriture. Du mouvement. Le soleil, la lumière, l'air frais. Certainement pas les soi-disant boissons énergisantes.

Mais les émotions ont également une influence importante sur notre niveau d'énergie. L'amour, par exemple, nous donne des ailes, n'est-ce pas? Il a été démontré qu'en plus d'être contagieuses, les émotions positives ont une action équilibrante sur le système nerveux et stimulent le système immunitaire.

L'une des émotions les plus puissantes est certainement la *gratitude*. Elle est gratuite et toujours disponible, même si elle requiert parfois un brin d'effort. Et comme l'esprit suit les habitudes, on peut s'entraîner à la gratitude, faire en sorte qu'une attitude plus positive et plus satisfaisante devienne une seconde nature. Si vous croyez que de tenir un « journal de gratitude » ou que de prendre quelques minutes pour réfléchir à ce pour quoi l'on est reconnaissant est niais, détrompez-vous. Il a été démontré que le simple fait de noter quotidiennement cinq choses – même simples – pour lesquelles on éprouve de la gratitude améliore notre capacité à reconnaître et à apprécier le côté positif des choses en… environ 21 jours. C'est en moyenne le nombre de jours qu'il faut pour développer une telle habitude et pour commencer à reprogrammer à cet égard notre cerveau. Incroyablement court pour une aptitude qui peut transfigurer notre vie. Bien sûr, rien ne sert de tenir ces chiffres pour acquis; continuons simplement à nous entraîner et à apprécier le processus.

De temps à autre, dans l'entraînement, il est sain de nous retourner et de nous réjouir des opportunités qui se sont présentées à nous. Nous avons fait tant de progrès, même si nous n'en sommes pas toujours conscients. Ce n'est pas une affaire d'orgueil. Simplement, respirez et contemplez. Vous avez accumulé tout un trésor.

- 27 -

CESSEZ DE VOUS EN FAIRE

À croire que c'est un truc d'êtres humains contemporains. Nous en sommes experts : nous tracasser!

Bien entendu, certaines choses méritent d'être planifiées et il nous faut nous assurer d'être bien équipés pour avancer. La vigilance est de mise, tout comme peut l'être l'occasionnelle remise en question. Mais la plupart d'entre nous sont bien au-delà de l'apport quotidien recommandé. Trop s'inquiéter épuise nos réserves d'énergie et de volonté.

Qu'ont été nos vies jusqu'à présent? Combien d'heures avons-nous passées à nous en faire? Il est rare que les choses se présentent exactement comme on les avait imaginées. Et comme le disait un sage, la peur est souvent plus douloureuse que l'apparition de l'objet de notre peur.

Donc, et c'est dans la nature de tout bipède urbain qui est constamment assailli par les médias et les partis pris, nous en venons même à nous tracasser à propos de notre entraînement. Est-ce que je m'entraîne assez? Trop? Incorrectement? Pourquoi est-ce que je récupère plus lentement cette semaine? Pourquoi ai-je de la difficulté à faire ce que les autres exécutent facilement? Suis-je pris au sérieux au sein de la communauté? Devrais-je mettre des vidéos en ligne? Les gens s'y intéresseront-ils? Bla-bla-bla.

Atteignez la dose quotidienne – ça se fera sans doute naturellement –, puis *cessez*. « Don't worry, be happy », comme disait l'autre. Au besoin, dédiez à vos tracas une plage horaire. Sérieusement: donnez-vous, par exemple, trente minutes chaque semaine et permettez-vous de devenir complètement dingue pendant ce moment. Puis, respirez et revenez au réel. Le lendemain, quand quelque souci fera surface, vous vous direz simplement « je m'en suis déjà occupé ». Ou vous en prendrez note avec un sourire: « je flipperai mardi prochain, pas maintenant ».

- 28 -

DES LIGNES CLAIRES

Imaginons que vous devez conduire de Québec à Boston. Vous aurez une idée de la durée du trajet et du moment où vous devrez manger et faire un plein d'essence. Surtout, vous aurez une carte (pardon, nous sommes au 21e siècle: vous programmerez votre GPS). Si, une fois sur la route, les limites de vitesse et les démarcations entre les voies disparaissent ou deviennent confuses, vous commencerez peut-être à angoisser et il vous faudra redoubler de vigilance.

Tout projet couronné de succès l'est grâce à certains paramètres clairs. À moins d'être spécialement veinard.

Lorsqu'on parle de mouvement et d'entraînement, *projet* peut vouloir dire des tas de choses : apprendre une nouvelle technique, organiser un événement international, donner un cours à un groupe d'enfants. Et le concept de *paramètres* peut être simple. Simple, non pas vague : si vous apprenez à lancer un ballon de basket, vous cherchez à le mettre dans le panier *aussi souvent que possible* (c'est votre ligne claire, même s'il y a toujours place à l'amélioration), et non « parfois » (une ligne floue). Une telle notion peut être d'autant plus radicale si l'on essaie de se débarrasser d'une mauvaise habitude : si vous projetez d'arrêter de fumer, il vous faudra *arrêter* et non fumer moins. « Fumer moins » n'est rien.

Cela peut sembler raide. Mais même l'un des êtres les plus équilibrés qui ait marché sur cette Terre, le Bouddha Siddharta Gautama Shakyamuni, est à un moment devenu très conscient de ce qu'il lui convenait d'adopter et d'abandonner pour atteindre l'éveil. Il ne s'est pas dit « ça serait sympa si je devenais un peu plus sage, peut-être un iota moins colérique » et ainsi de suite. Le Bouddha s'est donné des lignes très claires, et était pourtant à des années-lumière de toute approche fasciste.

Il y a certainement des facettes de notre entraînement et de notre approche globale de la santé où davantage de clarté ne nous ferait pas de tort. Sur quoi devrais-je maintenant travailler pour continuer d'avancer et d'éviter le vieillissement prématuré ? Si j'entends développer une nouvelle habileté, est-ce que j'y consacre assez de temps ? Ai-je un *système* ou est-ce que je me contente d'espérer ? Y a-t-il des éléments – aliments, comportements, pensées récurrentes, techniques précises (ou lacunes techniques) – qui causent indéniablement plus de tort que de bien et pour lesquels il me semble qu'il est temps de tracer des lignes plus claires ?

- 29 -

VOTRE ZONE DE CROISSANCE

On entend souvent dire qu'il faut sortir de notre zone de confort.

Mais, formulé ainsi, il s'agit d'une notion partielle.

Imaginez trois cercles de tailles différentes et placés l'un dans l'autre.

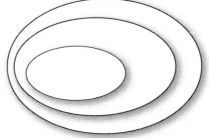

Le petit représente notre *zone de confort*. La routine quotidienne. La prévisibilité absolue (ce n'est qu'une illusion, mais les chances sont élevées et les craintes sont minimales). Dans une certaine mesure, nous voyons dans cette zone notre domaine : elle évoque le contrôle, la maîtrise.

Le plus grand des trois cercles, appelons-le notre *zone de panique*. En matière de prévisibilité, c'est tout le contraire : nous ne savons rien de rien. Si la zone de confort est constituée exclusivement d'habitudes, la zone de panique s'accompagne d'une perte complète de nos points de repère. La commodité fait place à l'anxiété. Tout ce que nous espérons, lorsque nous sommes dans cet état, est de retourner à notre confort; malheureusement, si nous ne savons même pas où nous sommes, il nous est difficile de trouver le chemin du retour.

Entre le petit et le grand se trouve un troisième cercle, qui représente notre *zone de croissance*, ou notre *zone d'expansion*.

C'est là où nous nous épanouissons. En fait, c'est là où tout apprentissage se produit. Par définition, la zone de confort est le connu; et si certains prétendent aimer la zone de panique, puisqu'elle est complètement dépourvue de jalons, elle n'offre pas de progression. Ici, contrairement à la zone de panique, il y a toujours quelques balises, mais contrairement à la zone de confort, il ne s'agit pas uniquement de bonnes vieilles habitudes non plus.

La raison pour laquelle le banal encouragement « sors de ta zone de confort » est partiel, c'est qu'il y a aussi des façons de définir notre zone de croissance et d'y rester.

Mais d'abord, remarquons que tout comme le cercle du milieu est plus grand que le petit cercle, notre zone de croissance est beaucoup plus vaste que la prison que nous avons nous-mêmes créée. En outre, comme elle est située entre le confort et la panique, elle peut fournir une voie pour sortir de l'anxiété et du désespoir. Si nous paniquons et tentons de revenir dans notre cocon, nous risquons de nous égarer; à dire vrai, nous n'apercevrons peut-être même pas la route, ce serait comme d'être au Mexique et d'espérer arriver au Canada en franchissant la frontière. Et s'il faut parfois nous poser (nous nous entraînons notamment pour agrandir notre zone de confort, et peut-être un jour en dissoudre complètement les limites), règle générale, plus le traumatisme est intense, plus nous aurons besoin d'une zone tampon, un endroit où nous pouvons apprendre, comprendre et grandir.

Alors, comment quitter notre zone de confort? *En changeant un paramètre ou deux.* Dans l'entraînement, il existe d'innombrables paramètres : la longueur, la hauteur, la vitesse, le bruit, la surface, la texture, les angles, l'approche et la sortie, la visibilité, les distractions, la température, le stress, la fatigue, l'endurance et les répétitions, les objets que l'on transporte, le type de vêtements et l'usage ou non de chaussures, les handicaps et les membres et extrémités à utiliser, le travail en équipe, les enchaînements de mouvements et les techniques hybrides… Nous laisserons au lecteur le plaisir de découvrir les autres au cours des années. Ne jamais changer ces paramètres et constamment faire votre passement branché dans les mêmes conditions n'est pas de l'ADD, cela va de soi. C'est la zone de confort. Changez chaque jour quelques-uns de ces paramètres, jonglez avec eux, et vous ferez des progrès. C'est la zone de croissance. Changez trop de paramètres à la fois et vous aurez des problèmes et risquerez la régression. La zone de panique. C'est une affaire d'équilibre. Il y a une limite au nombre de balles avec lesquelles on peut jongler.

Ici, le pont entre l'art du déplacement et la vie en général est évident. En outre, sortir judicieusement de notre zone de confort peut se faire de mille façons : pour certains ce serait de lire un livre en entier, pour d'autres, de voyager ou de surmonter leur timidité.

Trouvez votre zone et épanouissez-vous!

- 30 -

JONGLEZ AVEC LES PARAMÈTRES

Nous parlions des paramètres au dernier chapitre.

Il s'agit aussi de renouveler notre pratique et les lieux où l'on s'entraîne.

J'entends souvent des pratiquants, néophytes ou « experts », proclamer que leur quartier s'épuise rapidement, comme un bassin artificiel doté d'une petite quantité d'eau.

En fait, notre pratique n'est pas un bassin restreint ou une pièce de porcelaine; elle ressemble davantage à un vaste puits qui puise directement dans la nappe phréatique. Ou à un lac sain. Notre discipline est organique, en évolution constante. Certes, les murs et les pans de béton sont créés par l'homme, mais nous, pratiquants, en venons à y déceler plein de vie. Bien sûr, s'il y a une longue sécheresse, l'eau dans notre source pourrait se raréfier; mais si nous prenons soin de l'environnement, notre puits pourrait bien durer un nombre étonnant de générations et profiter à toute la région.

Il nous faut certes explorer de nouveaux lieux. Sac sur le dos, filer vers une direction inhabituelle, arpenter des territoires inédits. C'est l'un des grands plaisirs de l'entraînement. Et souvent, nous n'avons pas besoin d'aller très loin. Mais nous devrions aussi devenir maîtres dans l'art de renouveler les lieux. Et cela se fait généralement en changeant quelques paramètres. Par exemple, un paramètre qui est si évident qu'on l'oublie facilement, c'est la direction qu'empruntent nos circuits : bizarrement, nous revenons toujours à la ligne droite. Mais employer la courbe ou la diagonale change tout. De même, changer complètement de direction à mi-chemin.

En ce qui me concerne, il m'a fallu quelques années pour vraiment apprendre les rudiments de la discipline. Les sauts de précision, les sauts précédés d'une course, la pliométrie, le passe-muraille, les passements et roulades de base, et cetera. Puis est venu un moment où j'ai commencé à chercher les « sauts embêtants » et les défis bizarres. Sauter par-dessus un obstacle pour en agripper un autre, partir à un pied et atterrir de côté, combiner des foulées inhabituelles, avancer en quadrupédie dans des endroits insolites, se faufiler dans des espaces particulièrement étroits, toutes les traverses étranges qui étaient invisibles jusqu'alors…

J'ai développé une fixation pour ces variantes embarrassantes que l'on ne verra jamais dans un manuel. Et soudain, cet état d'esprit a fait surgir tant de possibilités. Les opportunités étaient partout, y compris dans les espaces prétendument épuisés. Cela nous a apporté, à mes amis et à moi, beaucoup de joie et nous a permis de faire des progrès considérables.

Donc, apprenez à renouveler vos espaces. C'est une *compétence*, une habileté qui peut être développée, comme toute autre habileté. Laissez parfois les choses mijoter. Mais revenez un jour, doté d'une nouvelle paire de lunettes – ou avec un nouvel ami. Car en parkour et en ADD, les lacs sont intarissables.

- 31 -

LES CONTRAINTES, CES STIMULANTS

En 1960, des écrivains et mathématiciens français se sont réunis pour fonder l'Ouvroir de littérature potentielle, généralement désigné par son acronyme Oulipo. Les prolifiques membres de cette association réfléchissent autour de la notion de contrainte et produisent de nouvelles structures destinées à encourager la création. Le moyeu de leur philosophie est que les contraintes sont autant de puissants stimulants pour l'imagination. *Toute* création artistique part d'une contrainte. Si, par exemple, vous désirez peindre une toile, le fait même de vous limiter à la peinture plutôt, disons, qu'à la composition d'une mélodie ou la rédaction d'un roman, constitue une première contrainte. Et souvent, plus les contraintes sont nombreuses, plus l'art est créatif; plus rusée doit être la solution. L'oulipien se présente donc comme « un rat qui construit lui-même le labyrinthe dont il se propose de sortir ». Georges Perec a écrit un roman en entier sans avoir recours à la lettre *e*! Dans *Exercices de styles*, Raymond Queneau raconte 99 fois la même histoire, de 99 façons différentes.

N'y a-t-il pas là quelque chose de profondément inspirant pour le pratiquant d'ADD?

Comment l'un des principes fondamentaux de notre philosophie – qu'il nous est possible de nous nourrir des obstacles – peut-il rehausser d'autres aspects de nos vies, au point que nous nous lions d'amitié avec le concept même de contrainte?

Si nous en arrivons à voir les contraintes comme des stimulants – comme du bois d'allumage –, quelle que soit la situation, il nous sera plus aisé de nous concentrer sur la solution. Avec joie.

- 32 -

LE CHEMIN LE PLUS « EFFICACE » ?

On entend souvent dire que l'idée maîtresse du parkour est « d'aller d'un point A à un point B de la façon la plus efficace. »

Peut-être qu'ultimement, pour un vrai maître – non pas un simple gars talentueux, mais un maître –, il n'y a pas de points A et B. Peut-être qu'ils n'ont pas d'importance, ou qu'ils n'ont jamais été vraiment séparés… Mais ce n'est pas ce dont il est question ici. Penchons-nous sur la fin de l'énoncé : « la façon la plus efficace ».

Lorsqu'on demande ce que cela peut bien vouloir dire, « se déplacer efficacement », la première idée qui fait surface est souvent celle de la *vitesse*. Plutôt que de lentement contourner un obstacle, le passer promptement.

Le concept d'économie suit généralement. Plutôt que de brûler notre énergie dans une tentative maladroite et futile de grimper un mur, utiliser une technique étudiée et être doté de la force et de la mobilité requises pour bien la mettre en application.

Mais ce n'est pas assez. Vitesse et économie ne suffisent pas à définir notre idéal d'efficacité. Imaginez qu'une technique soit très rapide et que, réussie, elle représente un bon usage de vos ressources, mais qu'elle comporte 50 % de chances de mal finir et de vous briser les os. Serait-ce efficace? Pas vraiment. Donc, *vitesse, économie* et *sécurité* – ce qui pourrait encore nous amener à parler de *constance,* de *prévisibilité* ou de *fiabilité.* Peu importe le nombre de billets de loto que vous achetez, ce n'est pas une façon sûre de payer le loyer. Un passement efficient pourrait être fait de nombreuses fois de suite avec des résultats constants. Un « move cool » qui repose pour une bonne part sur la chance n'est pas ce qu'on appelle une « technique ».

Mais poursuivons notre petite enquête.

Quiconque nous a vus nous entraîner, à remonter des escaliers à l'envers et à quatre pattes, estimera que nous avons une bien singulière conception de l'efficacité. Marcher tout bonnement ferait l'affaire; prendre l'ascenseur serait la crème de la crème. Voilà qui est *fiable,* non? Eh bien, *cela dépend de ce* à *quoi nous voulons nous fier.* À moins que cela ne soit absolument nécessaire, nous pourrions dire que d'avoir constamment recours aux ascenseurs revient à se fier aux habitudes, à l'inertie, voire à la paresse. Tout est affaire de point de vue.

Non seulement ne voulons-nous pas contourner les barres comme tout le monde, nous y passons littéralement des heures! Efficace? C'est discutable.

Certes – pour une raison obscure, c'est un argument qu'on entend constamment –, s'il y avait une invasion de zombies, les athlètes de parkour accomplis auraient plus de chances de survie. Mais disons-le : en dehors d'un petit nombre d'entre nous qui s'entraînent à des fins d'application de la loi ou dans le contexte d'une guerre bien réelle (et il n'y a rien d'enviable dans cette dernière situation), rarement aurons-nous besoin de nos techniques dans des scénarios de vie ou de mort. Oui, la coordination, l'équilibre, la force, la mentalité de croissance, les amitiés, tout cela nous aidera au quotidien et enrichira nos vies de façon tangible. Mais « se déplacer d'un point A à un point B de la façon la plus efficace » sera rarement un problème. Et même si ça l'était parfois, il n'en reste pas moins que le plus clair de notre temps, nous nous *entraînons*. C'est pourquoi il nous faut apprécier le processus. Nous nous entraînons non pas en vue d'une compétition, mais pour l'entraînement en soi.

Alors, qu'est-ce que « le chemin le plus efficace » ? C'est le plus efficace… *pour vous*. C'est la façon dont vous êtes convaincu qu'elle vous comblera de joies, de défis, de récompenses. Certes, définir un itinéraire et s'exercer à en franchir les obstacles de la façon la plus rapide doit faire partie de notre entraînement. Mais qui a dit que l'efficacité ne devait se référer qu'à l'itinéraire physique ? *Le chemin le plus efficace est celui qui, d'instant en instant, vous fera grandir le plus, vous et vos amis.*

- 33 -

MANDALA

L'évolution des arts martiaux a débouché sur des milliers d'écoles. Certaines sont dites « dures », d'autres « douces », certaines « externes », d'autres « internes », les unes sont inspirées par la pensée bouddhiste, les autres par le taoïsme. Certaines relèvent d'un mélange de tous ces éléments. Chacune a ses priorités distinctes : l'aspect martial, l'aspect artistique, l'esprit, le corps, l'union entre le corps et l'esprit, la philosophie, l'alchimie, la communauté…

On dira ce qu'on voudra, l'art du déplacement, bien que relativement jeune, semble déjà avoir commencé à évoluer en différentes écoles. Certaines sont immatures, certaines ne se soucient que de la performance; certaines ne visent qu'à nourrir l'ego, d'autres aident à le dissoudre; plusieurs manquent d'un vrai système. Simplement s'amuser n'est pas une école. Jadis, même les philosophes épicuriens spécialement controversés ou fantaisistes reconnaissaient l'importance de la réflexion et de la méditation; aujourd'hui, peu de jeunes le font. C'est un processus naturel et les choses ont une façon bien à elles de s'arranger; les vagues s'en vont, dit le proverbe, mais l'océan demeure.

Parmi ces nombreuses écoles, quelques-unes utiliseront un tout nouveau vocabulaire, qui déroutera peut-être les pratiquants des premières générations. Des enseignants lèveront le voile sur une science insoupçonnée, d'autres apporteront une grande profondeur philosophique à notre art – sans doute même, des enseignements de nature ésotérique feront-ils surface. Inutile de le nier; les choses évoluent, et notre discipline est vaste comme le ciel.

En ce qui concerne certains de ces enseignements spirituels, peu de gens seront qualifiés pour les transmettre correctement; cela n'a rien à voir avec une approche élitiste de la spiritualité, loin de là, mais pour assurer une transmission authentique qui n'égare pas les étudiants, il faut un rare mélange d'expériences de vie et de clarté d'esprit. Il y aura d'une part de faux gurus, de risibles hypocrites, des gens d'affaires opportunistes – et d'autre part, des gens incroyablement brillants. Cela est arrivé par le passé et cela arrivera encore.

Et parmi ces enseignements les plus profonds émergera l'idée que *les trajets de parkour et d'ADD évoquent des mandalas.*

Un mandala est une représentation de l'Univers, fréquente dans le bouddhisme, notamment dans la tradition tibétaine, mais aussi dans l'hindouisme et dans d'autres écoles. Souvent, sa forme de base est un carré muni de quatre portes, contenant un cercle en son centre; l'ensemble est *entier*, en ce qu'il symbolise l'unité et l'équilibre. Un mandala peut être utilisé comme outil de guidance spirituelle, ou pour établir un espace sacré; en fait, vient un temps – souvent après des années – où le méditant voit que ce « microcosme » et le macrocosme sont l'un et l'autre également sacrés.

À un moment dans sa vie, Carl Gustav Jung – l'un des fondateurs de la psychologie analytique et un auteur prolifique qui a eu une influence dans les domaines de la psychiatrie, de la philosophie, des études religieuses, de l'anthropologie, de l'archéologie et de la littérature – a commencé à esquisser chaque matin des formes circulaires dans son carnet. « Ces dessins semblaient correspondre à ma situation intérieure de l'époque », dit Jung, qui voyait dans cet exercice quelque chose de salutaire. « Progressivement, j'ai découvert ce qu'était un mandala : […], l'entièreté de la personnalité, qui, si tout va bien, est harmonieuse. »

En d'autres mots, les mandalas aident à réorganiser notre vie intérieure; le processus nous mène à une personnalité mieux intégrée, à une philosophie de vie plus unifiée, et à un regard bienveillant sur le monde. Le philosophe français Fabrice Midal a publié un très bel ouvrage sur le sujet.

Sur un parcours, nous voyageons toujours vers le centre, dirions-nous : vers nous-mêmes. Du moins, de façon optimale et métaphorique. La direction physique a peu d'importance.

Dans la leçon 15, nous disions que de tout ramener à nous-mêmes est l'un des ingrédients d'une recette infaillible pour être malheureux. Ce n'est évidemment pas l'approche du mandala.

Plus nous voyageons vers le centre, plus nous comprenons qu'il n'y a pas de différence entre le centre et sa périphérie. Plus nous voyageons vers nous-mêmes, c'est-à-dire vers toujours plus d'authenticité, plus nous développons compréhension et amour, et plus nous sommes conscients de notre interdépendance. Il ne s'agit pas que de nous, au contraire. Il s'agit de tout. Et non pas, en fait, une *totalité* – qui serait simplement l'addition de parties distinctes –, mais une vraie *unité*.

Ça paraît peut-être idéaliste ou cryptique.

Certaines vérités sont au-delà des mots.

- 34 -

LE PROBLÈME AVEC LES THÉORICIENS

« Au temps du souverain Ho Hsu, nous informe le maître taoïste Tchouang-Tseu au IIIe siècle av. J.-C., *les gens se tenaient dans leur maison sans se soucier de ce qu'ils faisaient; ils se promenaient au-dehors sans se soucier d'où ils allaient. Ils se félicitaient d'avoir de quoi manger, déambulaient en se tapant le ventre. Ils savaient simplement apprécier la vie.*

Puis arrivèrent les Saints. Ils entendirent rectifier les hommes et les femmes du monde à coup de rites et de cérémonies; moralisateurs, ils prônaient la bonté et la justice afin, supposément, d'apaiser les cœurs. Alors, pour la première fois, le peuple apprit à convoiter la connaissance, et bientôt les gens luttèrent pour leur intérêt matériel, sans qu'on puisse mettre un terme à ces maux. Tel fut le crime des Saints. »

Méfiez-vous même des livres et des enseignements les plus lumineux. Car de nommer les choses ne les rend pas nécessairement réelles; une once de pratique, dit le proverbe, vaut mieux qu'une tonne de théorie. Il y a aussi une vieille blague sur la philosophie : « la tâche d'un philosophe, c'est de prendre quelque chose de simple et de le rendre très compliqué. »

Gageons que plusieurs des fondateurs et des vrais maîtres sont sceptiques des approches trop intellectuelles. Il y a des raisons à cela.

- 35 -
RYTHMES

Il y a des rythmes naturels. Des cycles, comme les saisons et le passage des jours et des nuits.

Se moquer de ces rythmes pour ensuite s'en prendre à soi lorsque les choses ne se passent pas selon nos désirs est la voie du maladif.

S'entraîner, manger, se reposer, dormir. Rire, lire, partager, confronter des idées, intégrer, passer du temps seul, passer du temps avec des amis. À l'intérieur, en pleine nature. Ajuster l'entraînement. Ajuster l'entraînement. Ajuster l'entraînement et ainsi de suite.

Notre corps et notre esprit ont des besoins. Nos amis, notre communauté ont des besoins.

Nous devons reconnaître ces rythmes. Et la seule façon de faire est *d'écouter*.

Qui sait? Peut-être entendrons-nous une superbe mélodie!

- 36 -
CRÉEZ DES SCHÉMAS, PUIS BOULEVERSEZ-LES

Et pourtant, il est souvent sain de casser le rythme.

Courir au même rythme pendant des kilomètres est un exercice.

Changer constamment la cadence en incluant des obstacles est un *défi*.

Même de bons coureurs et des athlètes aguerris trouvent notre entraînement exigeant.

Nous avons besoin de schémas, de structures, de modèles. Nous en formons constamment de nouveaux – en apprenant un nouveau mouvement, par exemple, ou en développant de chouettes habitudes. Mais il y a plus.

J'ai rencontré une auteure qui enseigne à l'école de l'humour. « Les apprentis humoristes, dit-elle, veulent briser les règles dès le premier jour. Exploser le cadre dans un grand mouvement créatif. Je dois toujours leur rappeler que pour bafouer les règles avec brio, il faut d'abord les connaître. »

Alors, étudiez les rudiments. Ne passez pas outre les notions de sécurité. Prenez des années s'il le faut. Les peintres les plus originaux ont d'abord appris leur métier; leurs œuvres inspirées ne sont pas sorties de nulle part.

Établissez des schémas. D'innombrables schémas.

Puis un jour, dans votre pratique du mouvement, saccagez-en quelques-uns.

Les habitudes ont tendance à tout s'accaparer. Reconquérez votre liberté. Soyez cet « animal exubérant », comme dirait mon ami, l'auteur Frank Forencich. Faites preuve de créativité dans l'entraînement. Soyez vous-même (ce que la plupart d'entre nous appellent le « moi » n'est qu'une étiquette, amalgame temporaire et évoluant constamment de toute façon), et continuez d'explorer.

- 37 -

TOUT CHANGE

La Ville.

Les routes. Les obstacles. Le paysage. La nature. La matière.

Les saisons. La température. L'heure. La luminosité, la visibilité.

Notre humeur. Notre santé. Notre force.

La société. Les amis. Les gens que nous percevons comme des ennemis. Nous. Eux. Notre conception de « je », « nous », « eux ».

Les habitudes. Les émotions. Les expériences. Les énergies. Les ressources. Les rêves. Les besoins. Les ambitions. Les généralisations. L'Histoire. La maîtrise. Les grandes lignes et les menus détails. Les stratégies et l'inaptitude. La connaissance et les techniques. L'inspiration et la transmission. Notre compréhension de l'impermanence. Notre compréhension de pourquoi y réfléchir est si important et de pourquoi ce n'est pas lugubre, loin de là.

- 38 -

VIEILLIR

Le corps devient de plus en plus fort – jusqu'à ce qu'un jour, la force semble diminuer.

Mais qu'est-ce vraiment que la force?

D'y voir uniquement la capacité dûment quantifiable de lever et de pousser un certain poids est être étroit d'esprit.

Quelqu'un qui a perdu un bras, quelqu'un dont la capacité de marcher est réduite, quelqu'un qui combat magnifiquement le cancer – tous peuvent être incroyablement forts.

Même si nous vieillissons bien et évitons les accidents et la maladie, notre corps changera. Notre esprit aussi. De même, nos sens et nos perceptions, notre équilibre, nos courbes d'apprentissage, notre mémoire et ainsi de suite.

Bien entendu, un mode de vie actif et une saine alimentation aident à éviter de nombreux effets indésirables du vieillissement. Mais la vie évolue.

L'astuce est alors de voir dans le vieillissement une maturation, c'est-à-dire non pas un processus toujours plus contraignant, mais la possibilité de nous rapprocher de notre nature profonde. D'éviter de nous tracasser à comparer nos performances avec celles de la jeunesse. Nos désirs, nos besoins et nos sensibilités différeront de toute façon. De même, notre conception du risque, de l'intensité, de la durabilité. *Et c'est parfait ainsi.* Nous pouvons toujours nous entraîner. Nous pouvons toujours bouger, apprécier des défis – *l'échelle, quand il s'agit de défis, est personnelle et toute subjective.* Nous pouvons toujours travailler notre équilibre, notre mobilité et ainsi de suite; nous entraîner avec des amis et jouir de la vie en communauté.

Souvent, le cercle de nos possibilités se referme radicalement avec l'âge, et les peurs champignonnent. Nombre d'aînés se retirent du « monde dangereux » de l'extérieur, ils se replient de plus en plus profondément dans de vieilles habitudes, et c'est là que les peurs alimentent davantage les préjugés et les distorsions cognitives. Mais la voie de l'ADD est différente. Elle est fondée sur le courage, la curiosité et la joie.

Peut-être réaliserez-vous que vous appréciez davantage la lecture. La marche, le jardinage ou d'autres activités plus contemplatives. Et cela aussi est parfait ainsi. Car cela également fait partie du processus, partie de la vie, et donc partie du chemin de l'ADD. Car même si nous ne sommes plus aussi vigoureux de corps, notre esprit peut devenir plus souple, plus serein; notre vue peut gagner en solidité, en clarté. Par exemple, l'une des plus puissantes qualités générées dans l'ADD et dans les arts martiaux, c'est l'humilité; curieusement, il semble difficile de développer une humilité authentique avant un certain âge.

Dans la vie en général, et dans l'entraînement en particulier, nous devons apprendre à identifier à et abandonner le superflu au fil du temps. Ce qui reste – l'essence – battra aussi longtemps que notre cœur. En fait, si c'est fondé sur l'altruisme, l'authenticité et une saine compréhension de la force et de l'énergie, toutes choses qui composent ce que nous appelons ici « essence », et d'autant plus si vous avez des enfants, des étudiants ou de bonnes relations avec votre communauté, cela battra bien plus longtemps encore.

- 39 -

PAS ENVIE

La vie d'écrivain est parsemée d'embûches. À l'heure où j'écris ces lignes, j'ai, entre autres projets, publié une douzaine de livres – principalement en français avec des maisons d'édition québécoises réputées –, et d'en faire mon unique source de revenus relève encore du rêve. Je persévère depuis des années, et quoi qu'il advienne, j'entends continuer un bon moment. Parce que je sais qu'au moins une part de ce que j'écris est appréciée de mes lecteurs. Et parce qu'en dépit des difficultés, j'adore écrire. En fait, si pour une raison ou une autre je suis dans l'impossibilité de le faire pour quelques jours consécutifs – ça arrive rarement –, je ne me sens pas très bien.

Le même principe n'est-il pas à l'œuvre dans l'entraînement ? Les épreuves ne manquent pas, et pourtant nous l'apprécions et nous savons que cet entraînement nous prodigue mille bienfaits. Si nous ne bougeons pas pendant plusieurs jours, nous nous sentons moches. Notre corps est *fait* pour relever des défis variés.

Mais parfois, en dépit de tout cela, nous ne nous sentons pas dans l'ambiance. Et c'est l'un de ces matins pour l'écrivain en moi. Curieusement, j'ai particulièrement envie de m'entraîner. Je sais pourtant que l'entraînement viendra plus tard et que c'est l'heure d'écrire. Mais tout semble se mettre en travers. Même faire la vaisselle a semblé plus passionnant. J'ai passé l'aspirateur, échangé quelques mots avec la copine, fait mes méditations matinales. Là, je meurs d'envie de lire, un thé succulent et une pile de chouettes bouquins m'attendent déjà. Ou je pourrais faire une promenade, tiens.

Hum ! Je connais bien le principe de *procrastination créative* : il est parfois bénéfique de laisser l'inconscient faire son boulot. À se forcer à écrire une lettre importante au mauvais moment, on risque de manquer de tact. Et il arrive qu'avec un brin de patience, on réalise que certaines choses se règlent d'elles-mêmes. *Certaines* choses, du moins. Mais ce matin, c'est une autre histoire. Je dois l'avouer : éviter mon bureau témoigne d'une pure paresse.

À cela, il y a une solution toute simple.

C'est ce qu'on appelle le démarrage en cinq (ou dix) minutes.

En bref : commencez.

Prétendez. Allez-y. Entamez simplement le boulot et laissez le flot vous rattraper. C'est d'une redoutable efficacité ! Le cerveau, le système nerveux, le corps-esprit – si vous avez fait quelque chose assez souvent, il comprendra et acceptera sa mission. Traitez-le avec bienveillance, puis laissez-le faire son boulot. Suffit de démarrer le moteur.

C'est vrai aussi avec le mouvement. On oublie facilement à quel point c'est vrai : faire un échauffement léger, une poignée de mouvements amusants, suffit souvent à nous allumer. C'est par ailleurs l'un des objectifs des échauffements : non pas seulement préparer le corps, mais susciter également l'enthousiasme.

Il y a certes d'autres façons de se motiver. Contempler les bienfaits de notre pratique. Nous promettre une petite récompense, pourquoi pas. Prier, demander assistance, appeler un copain ou penser à d'inspirantes figures archétypales. Prendre les choses avec plus de légèreté et se concentrer sur la composante de plaisir. Le pré-engagement. Mais l'une des façons les plus efficaces de vaincre la procrastination est ce bon vieux démarrage en cinq minutes. La seule façon d'arrêter de ne pas faire quelque chose est encore de s'y mettre. Puis, laissez le second souffle et la satisfaction prendre le dessus.

– 40 –

LES ÉLÉMENTS DE BASE

« Les bases », de quoi s'agit-il exactement ? On pense souvent aux exercices pour débutants. Les variantes plus faciles. Ou parfois, on imagine qu'il s'agit des directives dans le cadre d'une technique précise : placez vos mains comme ceci, posez le pied comme cela, tournez et agrippez la barre. Mais il convient d'étudier ce qui mérite vraiment le nom d'éléments de base de tout mouvement.

Dans un chouette article intitulé *How to Work on the Basic Elements of Bodyweight Exercise*, Jarlo Ilano de Gold Medal Bodies en propose un résumé. Lorsque nous parlons des bases, il s'agit d'avoir en quantité appropriée trois éléments :

> ➢ La force

> ➢ La souplesse (ou la mobilité)

> ➢ Le contrôle moteur

Voilà. La force, la mobilité, le contrôle. Si vous pouvez déterminer où vous avez besoin de ces éléments, de quelle façon et dans quelle mesure, vous pouvez toujours trouver une progression qui mène au succès et à la maîtrise. Tout exercice peut-être décomposé en ces trois éléments. Il importe d'en être conscient.

Bien sûr, dans l'ADD, nous parlons aussi de coordination, d'agilité, de puissance, d'équilibre et ainsi de suite. Mais au sein d'un mouvement spécifique, les trois éléments de base prédomineront, et en fait plusieurs caractéristiques peuvent être rattachées à l'un ou à l'autre. On peut par exemple associer l'équilibre au contrôle.

L'article de GMB fait une étude de cas avec la bonne vieille pompe. Pour compléter un *push-up* adéquatement, il nous faut des poignets souples et forts pour nous soutenir. Triceps, épaules, abdominaux, dos, doivent être assez forts et coordonnés pour nous permettre de nous élever du sol. Et naturellement, nous avons besoin de contrôle pour bien faire les choses.

Nous voyons d'emblée dans la pompe un exercice de force et oublions ses composantes de souplesse et de contrôle. Souvent, untel est incapable de faire une répétition correctement, et ce n'est pas par manque de force, mais par manque de contrôle et de coordination : autrement dit, ce n'est pas que ses muscles ne sont pas assez forts, simplement que l'étudiant ne les sollicite pas de la bonne façon. Il arrive même que ce soit le manque de mobilité dans les poignets qui gêne le mouvement; s'obstiner à vouloir renforcer les bras et les pectoraux n'apportera que frustrations, alors que tout pourrait changer simplement en s'attaquant au maillon faible : le problème de souplesse au niveau du poignet.

Donc, lorsque vous vous débattez avec un exercice, décomposez-le en ses trois éléments de base, puis identifiez ce sur quoi vous devez travailler pour partir de la position initiale et vous rendre dans la suivante.

Réfléchissez également à votre définition de l'*anatomie fonctionnelle*. Par exemple, votre objectif pourrait simplement être de pouvoir soutenir votre propre poids dans toutes les circonstances. Ou « intelligemment », c'est-à-dire sans superflu (avec moins d'impact et ainsi de suite). Dans tous les cas, dans votre entraînement, laissez les attributs prédominer sur les techniques trop figées. Ce n'est pas tant le passement X dont vous avez besoin, ce sont les qualités qui rendent tout passement possible. Si vous tenez compte des bases – si, par exemple, vous ne négligez pas le contrôle et la force en compensant par la force brute – alors des progrès bien réels ne tarderont pas à se produire.

- 41 -

PHYSIQUE *VERSUS* TECHNIQUE?

Il est troublant de constater à quel point nombre de pratiquants voient une division nette entre conditionnement physique et travail technique. Assez fait de renforcement pour aujourd'hui, disent certains, faisons enfin du « vrai parkour ». Mais où a-t-on déjà dit que le conditionnement physique n'était pas de l'art du déplacement? Ou même que c'était accessoire ou secondaire?

Un expert en vient à réconcilier ces deux éléments. Nous avons également besoin des deux, et en fait, il vient un moment où ils fusionnent. C'est d'ailleurs l'une des raisons pour lesquelles les quadrupédies sont fascinantes : elles incarnent bien cette union des aspects physiques et techniques.

De nombreuses civilisations, lorsqu'elles sont entrées dans l'ère moderne, en sont venues à distinguer la carrière et la vie spirituelle, le mondain et le sacré, au point qu'il devint de plus en plus difficile de faire en sorte que les grandes valeurs intemporelles nourrissent le quotidien. Ne tombons pas dans le même piège. Préservons notre discipline, gardons-la saine et entière.

- 42 -

LES ENTRE-DEUX

The Moments Between est le titre d'un livre de photographies du talentueux ami britannique, Andy Day. Avec deux pratiquants dévoués, Thomas Couetdic et Chris Rowat, Andy est monté à bord d'une vieille Citroën et a exploré l'Italie. Les images sont dotées d'une force, d'une clarté et d'une composition sans pareil.

À quel genre d'entre-deux le titre fait-il référence ? À cet instant, à la fois éphémère et infini – ce non-moment qui défie le temps et la gravité –, où nous sommes en plein vol ? Entre le moment où l'on quitte le sol et celui où l'on y retourne ? Peut-être. Peut-être aussi parlons-nous des moments entre les séances d'entraînement, ou entre les séances où l'on ne s'entraîne pas, tout dépend du point de vue. Ou peut-être est-ce l'écart plus prononcé entre tout départ et toute arrivée, comme dans le cas de ces trois gaillards qui visitent un pays étranger. Peut-être est-ce tout autre chose. Ou un mélange de toutes ces choses.

Mais creusons un peu plus.

Ce moment, disons la quintessence d'un saut précédé d'une course, *peut* être un moment de pure et pleine présence. Vous êtes entièrement là, précisément dans le moment présent, à la fois entièrement responsable et *sans contrôle, sans appui, et vous êtes* (ou devez apprendre à être) *en paix avec cela*. Dans pareille situation, nous allons et laissons aller tout à la fois; cela semble être la seule direction possible, c'est *naturel*; et bien que nous réalisions qu'il y a d'innombrables facteurs à l'œuvre, nous cessons de nous référer à notre esprit conceptuel pour un moment, ne serait-ce qu'un bref instant.

Dans les enseignements bouddhistes, dans la tradition tibétaine en particulier, on parle du *bardo*, un mot tibétain que l'on pourrait traduire par « état intermédiaire ». Il réfère souvent à l'état entre deux vies – autrement dit, après la mort et avant la prochaine naissance. Pour un méditant aguerri, on dit que c'est une occasion particulièrement favorable pour mettre les enseignements en pratique et atteindre l'éveil. Néanmoins, la notion de *bardo* est beaucoup plus vaste : il y a de nombreux types d'états intermédiaires, celui du rêve, celui de la méditation et ainsi de suite, et chacun offre une opportunité de s'accomplir spirituellement. Plus nous étudions les *bardos*, plus nous réalisons que nous sommes *toujours* dans un état intermédiaire, et qu'en tant que tel, le bonheur véritable, l'amour et la compréhension sont toujours à notre portée.

Les enseignements traditionnels sur les *bardos* sont vastes et profonds, et il convient de les recevoir d'un maître qualifié. Loin de moi l'idée de simplifier à l'extrême une tradition aussi riche. Mais il semble y avoir quelque chose d'intéressant à mettre en perspective.

Ne vous attachez pas trop aux sensations plaisantes que ces « entre-deux » peuvent susciter. Il ne faut pas en faire une simple drogue. Mais voyez comme ces entre-deux sont beaux et poétiques; voyez comme ils peuvent être puissants et riches de sens.

- 43 -

JUSTE UNE DE PLUS

« Ce n'est qu'une de plus », aime à rappeler mon ami Chau Belle. Cela fait déjà un nombre vertigineux de pompes, mais ne vous attardez pas au nombre – ce n'est qu'une de plus. Concentrez-vous simplement sur celle-ci.

Le total a peu d'importance. Ce pourrait être 17 ou 238. L'essentiel est de rester dans l'instant présent.

Vous êtes en vie.

Vous respirez.

Vous n'êtes pas seul.

Ce n'est qu'une de plus.

- 44 -

L'APPROCHE, LE FRANCHISSEMENT, LA SORTIE

Nous ne percevons souvent qu'une phase temporelle dans notre technique, et dans les passages d'obstacles en particulier : le passage proprement dit, que l'on pourrait, admettons, appeler le franchissement ou la traversée. Néanmoins, la technique n'est pas terminée lorsque notre corps est au-dessus de l'obstacle ; elle n'est pas terminée lorsque notre corps est dans les airs passé l'obstacle ; elle n'est pas même achevée à la milliseconde où nos pieds touchent le sol. La technique n'est complète que lorsque nous avons atterri complètement et de façon stable, ou lorsque nous avons recommencé à courir.

En fait, tout passement comporte trois phases :

> ➤ L'approche

> ➤ Le franchissement

> ➤ La sortie

Les trois phases sont importantes.

Un récit sans début ni fin ne serait pas appelé une « histoire » mais un « instantané » ou une « vignette ». Une introduction un peu brutale et une fin ouverte sont acceptables; à dire vrai, la structure peut être très originale; mais par définition, une histoire sans début ni fin ne ferait *aucun sens*. Il n'y aurait littéralement pas de direction à la narration.

Donnez une direction à votre entraînement. Portez attention aux premières et dernières phases et vous progresserez.

C'est une évidence? Peut-être. Mais regardez autour de vous. Vous pourriez même vous filmer, juste pour vous voir à l'œuvre. Vous réaliserez peut-être que la facilité n'est que dans le franchissement, et que notre définition de « technique » s'est affreusement rétrécie. Les débutants, et nombre de gaillards soi-disant talentueux, ont souvent tendance à tant se concentrer sur le franchissement qu'une fois passé l'obstacle, bien que toujours dans les airs, ils se réjouissent et perdent leur vigilance. C'est une affaire de millisecondes. De voir les choses dans leur entièreté aide à éviter cet écueil.

- 45 -

FLUIDITÉ ET CONTINUITÉ

En ADD, on considère souvent que le « flow » est la marque d'un expert. Un mélange de maîtrise technique et de spontanéité engendre l'efficacité et la grâce. La fluidité est un idéal.

Néanmoins, *ce n'est pas parce que quelque chose est un idéal qu'on ne peut commencer à s'y entraîner*. Même si nous débutons. De s'imaginer que les choses sont inatteignables préserve la distance et sape notre confiance. Si les idéaux n'étaient pas développés au fil de l'entraînement, mais reçus en cadeaux des cieux, il serait futile de vouloir développer l'amour, la compassion, la patience, la sagesse et ainsi de suite. Nous devons commencer là où nous sommes.

Donc, tout pratiquant peut travailler sur la fluidité. Et le plus tôt nous commencerons, le mieux ce sera. Même si notre vocabulaire est limité. Ce peut même être une bonne chose que de ne pas être sous le diktat de la technique : nous pouvons bouger avec fluidité lorsque les choses sont longuement peaufinées comme des chorégraphies, mais la vraie spontanéité est encore mieux. Regardez Yann Hnautra, cofondateur de Yamakasi, en action : certains pourraient dire que ses techniques ne forment pas toujours des exemples dignes d'un manuel, et pourtant la spontanéité, la grâce et l'efficacité sont définitivement au menu. Voyez le Croate Saša Ševo bouger, ou d'autres gens de sa trempe. J'ai moi-même mis des années à le comprendre : aussi évident que puisse être cet enseignement sur l'importance de la spontanéité, je me suis longtemps concentré sur la technique et en oubliais de me laisser aller un peu!

Donc, travaillez sur la fluidité avec des techniques spécifiques et avec des enchaînements de techniques. Mais prenez aussi l'habitude de vous donner un trajet et de le suivre naturellement, sans grande préparation.

Faites en sorte que la fin d'un mouvement soit le début d'un autre. En fait, l'astuce est de cesser de voir les choses comme étant séparées, indépendantes. Changez votre perception et abandonnez l'idée que « cela finit et *ensuite* cela commence ». Certes, il y a dans la vie des transitions, les choses ralentissent ou s'arrêtent; parfois nous devons presser le pas, parfois nous devons nous poser. Mais *il y a toujours une connexion et les choses ne sont jamais complètement autonomes ou indépendantes.*

Votre sang est fluide. Votre respiration est fluide. Les vents, les océans et les rivières sont fluides. Les saisons sont fluides. Tout est fluide.

- 46 -

MISES À L'ESSAI

Mon ami Nicolas St-Pierre m'a toujours impressionné. En fait, je crois qu'il impressionne tout le monde. Ses mouvements sont incroyables – gracieux, agiles, puissants.

Une fois, il m'a montré un endroit où il envisageait de faire. Un grand saut précédé d'une course. En fait, bien que l'on semble considérer que j'en fasse moi-même de grands, je n'y voyais qu'un saut de bras (et encore), alors que Nic avait l'intention d'atterrir à l'endroit où j'aurais posé les mains. Ça donne une idée.

Ce qui est fascinant, c'est qu'aussi audacieux que puissent être ses sauts et ses mouvements, je n'ai jamais vu Nicolas se blesser. Je babille constamment à propos de la prévention, et je crois pourtant m'être blessé plus souvent que lui, même si ça ne m'arrive pratiquement plus du tout aujourd'hui. Certes, Nic s'entraîne au parkour depuis plus longtemps que moi, mais je me suis toujours dit qu'il devait y avoir autre chose… Il ne faisait pas plus de conditionnement physique que moi. Était-il plus concentré? Impossible de le savoir, mais je ne crois pas que ça soit cela le problème.

J'en suis venu à la conclusion qu'il y avait deux raisons principales pour lesquelles ses exploits ne se terminaient pas mal.

Premièrement, il a fait beaucoup d'exercices de rattrapage. En fait, son frère Jonathan et lui avaient eu la présence d'esprit, au cours de leurs premières années, de faire du «bail training» une partie intégrante de leur entraînement. Des heures durant, ils marchaient sur des barres et s'exerçaient à en tomber pour mieux la rattraper...

Deuxièmement, Nic est, selon sa propre expression, «un testeur». Il met tout à l'épreuve : les structures, ses compétences, tout. Encore et encore, jusqu'à ce qu'il soit entièrement convaincu qu'il peut exécuter proprement tel saut audacieux. Certes, il est capable de spontanéité et peut traverser la ville efficacement et sans avoir à s'en faire avec les détails – sa zone de confort s'est considérablement agrandie au fil des années. Mais lorsqu'il s'agit d'un saut qui lui fait peur, il prend son temps. Le saut qu'il m'a montré ce jour-là, il est allé le voir pratiquement chaque semaine, pendant des mois.

Il s'en est fait un ami, j'imagine.

- 47 -

LES SURFACES

Peut-être avez-vous franchi cette barrière des milliers de fois, mais peut-être que pour une raison ou une autre – dégel, rouille, effritement, accident –, elle n'est plus aussi solide. Cette planche de bois semble tenir, ce rocher paraît adhérent. Il vaut tout de même toujours mieux vérifier le matériel.

Particulièrement, les surfaces. Et pas seulement pour la sécurité immédiate – en fait, cela devrait parfois faire partie de notre entraînement que de ne *pas* tester avec notre pied et de faire confiance à notre vue, notre intuition, notre capacité à nous rattraper et à nous adapter. Mais de toucher les textures nourrit notre pratique. Nombre d'humains contemporains perdent inconsciemment leur sens du toucher, à force d'être toujours en contact avec du plastique et d'autres éléments lisses, mais ce sens est de la plus haute importance dans l'ADD. Nous devrions devenir comme ce maître menuisier qui sait immédiatement reconnaître toutes les essences de bois, ou comme ce bédéiste qui connaît tout sur le papier. Un expert en parkour devrait aussi être un expert en textures. Comme les nutriments, les idées et les amitiés, les textures devraient nous nourrir; nous sommes idéalement positionnés pour en apprécier les subtilités et, pour peu que nous voulions progresser et rester en santé, nous en avons besoin d'une vaste gamme.

De nombreuses personnes ressentent à un moment dans leur vie le besoin de *toucher* les choses, les matières organiques en particulier. Par exemple, à la retraite ou dès la cinquantaine, beaucoup se tournent vers le jardinage. Et ce besoin de toucher les choses ne se limite pas qu'au domaine du vivant : un homme ou une femme mature peut contempler un singulier bout de bois mort ou un joli galet sur la rive. Les aînés comme les enfants le font; entre les deux, peu d'adultes prennent le temps. La candeur et l'émerveillement au début, la sagesse et le contentement beaucoup plus tard, mais entre les deux, la pression, l'aliénation, les échéanciers et les statuts. *Un artiste du déplacement refuse de se perdre entre les deux.* Il réconcilie les deux pôles. Et une des façons de faire est de commencer par les sens. L'ouïe et la vue sont déjà assaillies de toutes parts, alors nous touchons. Nous devenons plus conscients de la vie tout autour et en nous, une texture à la fois. Un tuyau d'acier, une dalle de béton, un tronc d'arbre, une allée de gravier à la fois.

- 48 -

ÇA TOMBE À L'EAU

« Eh bien, notre entraînement tombe à l'eau », a-t-on parfois envie de dire lors d'une journée pluvieuse.

Mais la pluie n'est qu'un autre obstacle. Et au cœur de notre philosophie réside la notion que *les obstacles peuvent nous faire grandir* et que nous pouvons *apprendre à faire avec ce qui est.*

La pluie est un phénomène naturel, et l'ADD enlace tous les phénomènes naturels. Certes, au cœur de l'hiver québécois, nous devons nous entraîner à l'intérieur; certes, au plus chaud de l'été texan, il faut être vigilant. Mais la pluie n'est généralement pas aussi extrême, elle fait partie de la vie et l'ADD danse précisément avec la vie. La pluie nous pousse en dehors de notre zone de confort, jusque dans notre zone de croissance; de nouveaux mouvements fluides peuvent être découverts sur les surfaces glissantes, la poigne et l'équilibre sont plus sollicités que jamais. Et il y a comme un principe de saturation : une fois que l'on est trempé, on ressent un grand sentiment de liberté, et l'on progresse vers la vraie maîtrise des mouvements. Mais pour cela, il faut d'abord lâcher prise…

Donc, lorsqu'il pleut, qu'est-ce qui doit tomber à l'eau? Votre dédain et votre retenue!

- 49 -

LES PIRES SCÉNARIOS

Quand j'étais enfant, ma mère était attachée de presse pour une personnalité politique importante. Elle me disait que l'une de ses tâches consistait à envisager les pires scénarios. Il fallait pouvoir parer à toute éventualité. Curieusement, elle et ses collègues, bien que francophones, employaient l'expression anglaise, *worst-case scenario*. J'imagine que l'apocalypse a un petit accent international!

Dans l'entraînement, notamment lorsque nous nous apprêtons à « casser des sauts » – c'est-à-dire, à exécuter pour la première fois un saut exigeant et qui souvent nous effraie, mais que nous savons être dans nos capacités –, nous avons tendance à imaginer le pire. Mais est-ce conseillé?

En somme, si après avoir évalué attentivement un saut, nous estimons l'enjeu trop important, nous ne le faisons pas. Néanmoins, si nous nous concentrons sur le *pire* scénario, les risques nous paraitront toujours trop élevés, quoi qu'on fasse. « Au cours d'une promenade, le pire qui puisse arriver est que je me torde une cheville et m'effondre dans la rue au moment où un bus arrive… Je pourrais mourir! »

Certes, nous devons choisir nos sauts diligemment. Tomber sur une seringue n'est pas idéal, n'est-ce pas? Une bonne part de notre discipline consiste à ressentir, à évaluer, à choisir : les trajets, les angles, les techniques, la puissance, et cetera… Il y a tant d'options. Si tel saut est trop risqué, ne vous en faites pas, il y en a d'innombrables autres. La ville est grande. Les espaces naturels aussi.

Toutefois, penser toujours au pire qui puisse arriver engendre l'anxiété et la paranoïa. Fixer son attention sur les risques peut fausser notre perception d'un saut. Il en est de même, à l'inverse, de penser exclusivement aux aspects de plaisir et de performance. Nous devrions chercher à évaluer la situation de la façon la plus objective possible. *Notre conscience des risques ne devrait pas troubler notre esprit*, mais simplement le rendre plus à l'affût. La nuance semble vague en théorie, mais en pratique elle est cruciale. C'est la différence entre l'agitation et l'inspiration, entre la présomption et la pleine présence.

Souvent, ce qu'il est plus mature et utile de faire est de se demander, «si je devais rater ce saut, comment puis-je me rattraper? Puis-je agripper cette barre?» Et ainsi de suite. Cela prépare le corps-esprit et lui enseigne qu'il y a des variantes raisonnables entre le saut «parfait» et la commotion cérébrale.

Visualiser que vous réussissez est utile.

Visualiser que vous vous rattrapez de façon sécuritaire est utile.

Visualiser que vous vous blessez est généralement contre-productif.

- 50 -
À PROPOS DE LA CONFIANCE

Alexandre Jollien est un écrivain et philosophe suisse. Né en 1975, il a vécu dix-sept ans dans une institution pour personnes handicapées physiques. Il s'y connaît en matière de frustrations, d'espoirs et de craintes.

Dans un beau chapitre sur la détermination, il nous rappelle l'idée d'Aristote selon laquelle c'est en pratiquant la vertu que l'on acquiert la vertu. De la même façon, explique Jollien, «c'est en faisant des petits actes de confiance que l'on devient confiant.

Je me disais souvent : "Quand j'aurai la confiance, je ferai des actes de confiance." C'est le contraire qui est vrai. C'est en faisant chaque jour un tout petit peu confiance à la vie que, peu à peu, la confiance se découvre. »

Ce principe est à l'œuvre dans notre discipline, notamment lorsque nous cassons des sauts. Souvent, en notre for intérieur, nous espérons qu'un jour viendra où nous serons assez forts, assez habiles, et qu'à partir de ce jour-là nous ne serons plus jamais en proie à la peur. C'est vain et irréaliste. David Belle lui-même a déjà dit quelque chose comme : « Notre entraînement ne vise pas à nous rendre complètement sans peur. »

Nous évoluons, simplement. Quiconque comprend la psychologie qui se cache derrière l'expression « casser un saut » sait qu'il n'y a pas de « fin ». Il n'y a que le chemin.

« Le désir aliéné voudrait que l'on progresse une fois pour toutes », conclut Jollien en insistant sur cet aspect d'aveuglement.

La confiance se *construit*. Petit à petit, jour après jour.

- 51 -

TROUVER SA VOIX

L'ADD ne consiste pas seulement à se préoccuper de soi-même. Et pourtant. Il nous aide à nous trouver et à nous comprendre.

Le précepte « Connais-toi toi-même », hérité du grec ancien, était gravé à l'entrée du temple de Delphes. On l'a attribué à nombre de sages, dont Socrate, mais son auteur importe peu : cette maxime surgit d'une sagesse universelle. Si vous voulez comprendre le monde qui vous entoure, regardez en vous-même. Et il ne s'agit pas de renforcer l'ego, au contraire : si vous regardez en vous-mêmes comme il se doit, vous verrez justement les mécanismes de cet ego et comprendrez que seule une vie animée d'altruisme et dotée d'une meilleure compréhension de l'interdépendance peut mener au bonheur véritable.

Dans l'ADD, nous nous entraidons, nous partageons notre énergie et apprenons les uns des autres; mais nous ne jugeons pas l'autre et nous apprenons à tourner notre regard vers l'intérieur. Nous ne tentons pas de devenir quelqu'un d'autre. Nous voulons trouver notre propre voie.

Au début, nous avons l'impression de ne pas être suffisamment qualifiés pour nous exprimer complètement, en nuances et avec spontanéité. C'est l'analogie de l'apprentissage d'une nouvelle langue explorée à la leçon 23. Souvent, nous voyons nos partenaires d'entraînement passer un obstacle magnifiquement et il nous semble que nous ne sommes « pas faits » pour ce mouvement. Nous nous sentons incompétents, incomplets… Pourtant, au fond, nous savons que nous ne sommes pas des ratés. Mais quel est *notre* truc? Nous voulons nous exprimer et pour ce faire, nous devons trouver notre voix.

Un exercice simple consiste à visualiser deux cercles (les dessiner peut aider). Comme ceci :

Dans le premier sont les choses qui vous plaisent. Non pas les plus faciles, mais celles qui vous procurent joie et gratification.

Dans le deuxième, celles où vous excellez. Encore une fois, pas les plus faciles, mais les types de mouvements auxquels vous pouvez vous atteler avec des résultats constants. Les problèmes pour lesquels des solutions vous viennent naturellement à l'esprit.

La zone du milieu, partagée par les deux cercles, inventorie pour ainsi dire votre vocabulaire le plus fort. C'est *votre* truc. La liste n'est pas exhaustive et changera constamment, mais c'est un point de départ si vous voulez trouver votre voix, et cela peut être gratifiant d'effectuer l'exercice à vos débuts ou lorsque vous êtes égarés.

Beaucoup s'arriment au premier cercle – ce qui leur plaît. Parfois leur corps n'est pas prêt à faire toutes ces choses et pourtant ils continuent pour le plaisir sans voir les dégâts. D'autres s'en tiennent au deuxième cercle – ce dans quoi ils sont doués. Ils sont obsédés par les résultats et leur plaisir tend à s'étioler. Nous le verrons au prochain chapitre : si vous vous concentrez uniquement sur vos forces, vous pourriez améliorer celles-ci (par exemple, en sautant de plus en plus haut), mais ce ne sera pas un entraînement d'ADD complet. Les deux cas semblent par ailleurs témoigner d'une personnalité incomplète.

L'exercice peut s'avérer utile ailleurs dans la vie. Par exemple, ceux qui sont insatisfaits sur le plan de la carrière peuvent le faire, et même ajouter un troisième cercle – ce dont le monde a besoin, ou ce pour quoi vous pouvez obtenir un salaire honnête. En ADD, surtout si l'on est instructeur, il faut penser aux partenaires d'entraînement et à la communauté. Trouver votre espace, au point de rencontre entre les trois cercles (joie, talent, service), pourrait bien révolutionner votre vie.

- 52 -

DEVRIONS-NOUS TRAVAILLER SUR NOS FORCES OU SUR NOS FAIBLESSES?

Nous disions à l'instant qu'il était parfois pratique de trouver notre voix (et donc notre voie). Et il y a des philosophies, notamment dans le monde des affaires, qui nous incitent à « capitaliser » sur nos forces. Se concentrer sur nos faiblesses, c'est du moins ce qu'on nous dit, serait d'emprunter le chemin le plus long.

Mais c'est précisément la différence entre une discipline personnelle et un modèle d'entreprise. En ADD, nous travaillons sur nos forces *et* sur nos faiblesses. Cela nous importe peu si nous empruntons occasionnellement la voie la plus lente. En fait, nous l'apprécions. Nous savons que la patience rapporte et nous ne cherchons pas exclusivement les exploits. Ce n'est pas une compétition. Pas fondamentalement, du moins.

En thérapie sportive, pour régler un problème nous commençons souvent par identifier, puis par renforcer, le maillon le plus faible. Tout tend alors à devenir plus facile : l'énergie circule plus librement, nous sommes inspirés et sans blessure. Dans un sens, travailler sur une faiblesse revient à travailler sur une force (une force-en-devenir). Il y a là quelque chose d'alchimique.

Et il y a réaction en chaîne. Le maillon le plus faible met souvent à rude épreuve d'autres maillons. Si nous procédons à rebours en commençant par le plus fort et en remontant lentement jusqu'à la source, ce pourrait être long et fastidieux.

Paradoxalement, les choses fonctionnent parfois à l'inverse. Devenir plus fort, par exemple, peut dans certains cas améliorer notre endurance. Si nous pouvons lever des poids lourds, logiquement en lever de plus légers requerra moins d'énergie et nous serons en mesure de faire plus de répétitions.

Travailler sur une force est généralement plaisant. Mais travailler sur une faiblesse peut aussi l'être. Ce peut être une façon d'aller dans notre zone d'expansion.

Il n'y a donc pas de réponse définitive. Dans l'ADD, l'esprit guerrier va de pair avec l'humilité.

- 53 -

GROUPES ET CHAÎNES DE MUSCLES

Pour tout pratiquant sérieux, gonfler des muscles isolés pour bien paraître à la plage n'a aucun sens. Nous visons l'anatomie fonctionnelle et en cela force, endurance, puissance, rapidité, coordination, mobilité, souplesse, contrôle moteur, équilibre et ainsi de suite sont tous des facteurs qui méritent notre attention. Aussi, lorsque nous tonifions notre corps, tenons-nous compte de tous les groupes de muscles; souvent même, nous travaillons plusieurs chaînes au cours d'un même entraînement et dans une étonnante amplitude de mouvement. C'est l'une des raisons pour lesquelles nous apprécions autant les quadrupédies.

Cette exhaustivité est nécessaire en raison de notre vaste gamme de techniques et de variantes. Un saut de précision peut être réceptionné de côté, des foulées peuvent être faites sur des surfaces et à des hauteurs variées, un saut de bras sollicite un grand nombre de muscles.

Néanmoins, les humains ne sont pas parfaitement symétriques. Même si nous nous entraînons correctement, il y aura toujours quelques déséquilibres subtils : nous nous frappons l'orteil et cela affecte notre démarche, nous préférons dormir d'un côté plutôt que de l'autre, nous sommes droitiers ou gauchers et avons certainement un œil dominant. Selon la nature de notre travail et de nos activités quotidiennes, le cerveau arrive généralement à gérer ces légers déséquilibres – le corps s'adapte. Les vrais problèmes font surface lorsque ces déséquilibres prennent de l'ampleur et ne sont pas reconnus.

Cela est souvent dû à une habitude ou à la répétition d'un mouvement au cours d'une longue période sans compensation. Quelqu'un dont l'unique sport est le vélo utilisera toujours les mêmes muscles dans la même amplitude. Si vous travaillez en construction et que votre principale tâche consiste à utiliser jour après jour une perceuse avec votre main droite, attendez-vous à des ennuis. Mais il y a des façons de contrebalancer cela, et si j'étais ouvrier, je demanderais conseil à un professionnel du mouvement, à un thérapeute ou peut-être à un instructeur de yoga pleinement qualifié, même en l'absence de douleurs. En fait, les muscles n'étant pas isolés mais liés, souvent les symptômes se font ressentir à des endroits étonnamment éloignés. Réaction en chaîne.

Le problème, et nous abordons trop rarement ce phénomène, est que l'entraînement à l'art du déplacement est si vaste qu'il est facile de négliger ou d'abuser de certaines choses, et de créer des déséquilibres. Par exemple, commencer toujours avec la même jambe les plus grands sauts précédés d'une course (donc, ceux qui requièrent le plus de puissance, histoire de continuer le cercle vicieux), ou renforcer nos quadriceps mais oublier nos ischiojambiers.

À dire vrai, les athlètes de parkour tendent à beaucoup utiliser leurs chaînes musculaires antérieures. Les muscles visibles. En outre, nous sommes constamment en rotation interne : planches, sauts de bras, passements divers, nos mains sont devant notre corps, pouces vers l'intérieur. Et au fil du temps, notre corps devient très fort à cet égard.

À un moment, travaillant constamment mes *muscle-ups*, j'ai réalisé que ces déséquilibres prenaient de l'ampleur. Je voulais un corps sain et résilient, mais je développais des tas de petits problèmes, qui risquaient d'évoluer en problèmes plus sérieux. Ma solution (toute personnelle et il ne s'agit nullement d'une prescription) a été de faire davantage d'étirements de pectoraux, de renforcement des rhomboïdes (dans le dos, associés à la rétraction des omoplates), et d'exercices posturaux qui imbriquaient des rotations externes (par exemple en ouvrant ma cage thoracique et en amenant mes pouces vers l'extérieur puis vers l'arrière).

Tout cela pour dire : restez vigilants. Le corps est doté d'une intelligence remarquable, mais comme toute intelligence, elle peut occasionnellement faire plus de tort que de bien. Ne la laissez pas paniquer et compenser aveuglément. Guidez-la. Et commencez dès aujourd'hui.

- 54 -

LA POSTURE

Certaines choses paraissent si évidentes qu'on les néglige.

La posture est fondamentale. Ne la tenons pas pour acquise. N'en faisons pas une obsession non plus – un corps qui serait incapable d'encaisser de temps à autre un brin de mauvaise posture ne serait pas ce qu'on appelle un corps résilient.

N'empêche. Certains affirment qu'une bonne posture reflète un sens du leadership et suscite l'admiration. Mais l'admiration devrait être le cadet de nos soucis. L'important, c'est le respect de soi et la dignité. Non pas l'arrogance. Il y a une différence entre *essayer* d'avoir l'air brillant et l'être spontanément. C'est simple et pourtant peut-être trop près pour qu'on puisse le voir.

Une bonne posture est également liée à la santé et au bien-être général. Une poitrine comprimée, pour prendre un exemple simple, ou des épaules recroquevillées, entravent la respiration. Il tend à y avoir aussi une corrélation avec l'humeur. « Tiens bon », dit-on en guise d'encouragement; les uns gardent la tête haute et les autres courbent l'échine. En méditation, par exemple au sein de la tradition tibétaine, on insiste sur le fait de garder le dos droit (non pas tendu). « Comme une flèche » ou « comme des pièces de monnaie empilées », disent les textes :

« si les canaux sont droits, l'énergie circulera ». Dans certaines écoles de yoga, les flexions avant sont dites apaisantes et les flexions arrière, stimulantes; une pratique équilibrée dose bien le tout, et occasionnellement on peut prescrire, par exemple, une asana calmante à quelqu'un qui souffre d'anxiété. Un ami à Los Angeles a quant à lui subi la plus fascinante transformation au cours des années. « J'avais la cage thoracique compressée, m'a-t-il raconté. Peut-être as-tu un vocabulaire différent du mien, mais je dirais que mon chakra du cœur était complètement bouché. Puis, j'ai rencontré ma femme et ma poitrine s'est détendue d'un coup. Depuis que nous avons eu notre bébé, le haut de mon corps s'est d'autant plus ouvert et je me sens libre et léger. » Il faut le voir aujourd'hui : un Hollandais immense, vraiment imposant, dont la présence nous met pourtant immédiatement à l'aise – il *est* l'amour. Sa posture en dit long.

Ce n'était que quelques exemples sur les liens entre posture, humeur et énergie; des exemples subjectifs, certes, mais tout de même amusants.

Et tout comme notre état d'esprit influence notre posture, notre posture agit sur notre état d'esprit.

Elle change constamment au fil des heures, bien sûr. Même ce que nous appellerions notre posture « de base », celle que nous adoptons au repos, évolue ou dévolue au fil des années. Personnellement, je dois rester vigilant et faire des mises au point de temps à autre. Si je change la façon dont je m'entraîne, ma posture peut changer elle aussi. En raison de nombreuses heures de lecture et de travail à l'écran, j'ai aussi tendance à laisser ma tête tomber vers l'avant et mes épaules se recroqueviller; un abus de position assise et une tension dans le psoas peuvent aussi avoir des effets étonnants et éloignés de la zone du bassin; j'ai d'ailleurs parlé des déséquilibres musculaires dans le précédent chapitre.

Il y a un an ou deux, nous nous entraînions entre instructeurs à Boston. À un moment, chaque coach devait offrir aux autres une petite séance. Le jeune Alan Tran a axé la sienne sur des notions de base – des sauts très simples, mais il s'agissait de porter attention à notre posture à l'atterrissage. Curieusement, bien que la plupart des participants aient été très expérimentés, nous avons tous tiré profit de cette séance. Alan avait raison : nous tenons ces choses pour acquises.

Assurez-vous donc d'avoir une colonne vertébrale souple et forte. Prenez soin de vos genoux, de vos fessiers, de vos fléchisseurs de hanche. Lorsque vous vous tenez debout, faites en sorte que votre poids soit réparti également sur la surface du pied, et non sur un seul côté ou une seule extrémité. Massez ces muscles noueux dans votre nuque, et voyez comment la tension s'accumule dans votre mâchoire – souriez! Détendez vos sourcils, votre front, ouvrez vos épaules et accueillez le monde!

- 55 -

LA POSTURE MENTALE

Jolie et inspirante expression.

La posture mentale est aussi importante que la posture physique. Parfois davantage. Après tout, c'est principalement l'esprit qui fait l'expérience du bonheur et de la souffrance. Au cours du superbe film français, *Intouchables*, le corps de Philippe, tétraplégique, demeure essentiellement dans la même position; néanmoins, sa posture mentale évolue magnifiquement.

Nous oublions si facilement cette notion. Pourtant, son importance se reflète même dans la sagesse populaire et dans des expressions : « quelle est votre position sur cette question? », est la façon dont nous invitons quelqu'un à partager ses sentiments; on dit encore qu'il faut éviter de « se replier sur soi-même », apprendre à « ouvrir son cœur et son esprit »…

Simplement se souvenir de cette expression, « posture mentale », peut en soi être bénéfique. Elle nous rappelle que c'est ce que c'est – une banale *posture* – et que nous pouvons la changer. Nous pouvons prendre du recul (autre métaphore) et nous demander : suis-je tendu? Puis-je faire un pas de côté et adopter une autre perspective? Suis-je en train de me recroqueviller? D'endurer par simple habitude quelque chose qui ne me cause que du tort et qui pourrait progressivement changer?

En peu de mots : *suis-je en train de m'ouvrir ou de me refermer?*

Souvent, c'est vraiment aussi simple que cela.

- 56 -

DE SIMPLES MÉTAPHORES

Les instructeurs à notre Académie rappellent souvent aux adolescents qu'au fond, les obstacles dans l'ADD ne sont que des métaphores.

Ils représentent les obstacles de la vie. Ennuis à l'école, colère ou déprime, conflits avec la famille, les amis, les collègues; soucis financiers, problèmes de santé… Toutes ces choses font partie de la vie. Les nier ne tend qu'à empirer la situation.

Mais notre discipline enseigne que nous n'avons pas toujours à *subir* les obstacles. Nous pouvons les percevoir comme des défis et faire quelque chose, tout au moins au sein de notre propre esprit. C'est la bonne vieille mentalité de croissance.

L'ADD nous apprend que nous pouvons passer pratiquement tous les obstacles, mais qu'il y a pour cela trois étapes essentielles.

Premièrement, reconnaître. L'obstacle est là. Apprenez à le voir tel qu'il est. Sans jugement, sans anxiété.

Deuxièmement, être prêt à y consacrer des efforts. Se préparer à suer. Persévérer.

Troisièmement, trouver sa propre façon. La technique utilisée par la personne qui vous précède n'est peut-être pas indiquée pour vous. Taille, force, mobilité, et cetera : chacun est unique.

Souvent, pour trouver votre façon de passer un obstacle imposant, vous devrez le regarder différemment. «L'aborder ainsi ne fonctionnera pas pour moi. Mais si j'arrivais par cet angle…?» En anglais, une expression qui peut se traduire par «sortir des sentiers battus» est *thinking outside the box*. Mais parfois, plutôt que d'en sortir, il vaut encore mieux se demander ce qu'on peut faire avec la boîte elle-même. C'est la même chose avec les problèmes dans la vie : «J'ai l'habitude de voir les choses ainsi et ça me décourage… Et si j'abordais cette situation d'un tout autre angle?»

Non seulement apprenons-nous à faire la paix avec la présence d'obstacles, mais nous apprenons aussi à évaluer objectivement si nous sommes en mesure de les dépasser, et si oui, à nous y prendre efficacement. Nous apprenons même à avoir du plaisir tout au long du processus.

Mais il y a aussi des différences entre les obstacles en parkour et les obstacles dans la vie. D'abord, leur tangibilité : des paramètres clairement définis dans le premier cas, disons un mur de brique de 1m30 de haut, et des caractéristiques floues et subjectives dans le second, disons une relation difficile. (Ici, tel philosophe nous dirait que parfois, plus une source de souffrance est subjective, plus il est, par définition, facile de s'en départir ou tout au moins de la mettre en perspective.) Mais ce n'est pas la principale différence qui nous vient à l'esprit.

La grande différence entre les obstacles en parkour et les obstacles de la vie, c'est que nous *recherchons* délibérément les premiers. Aucune personne sensée ne chercherait volontairement une prise de bec avec sa conjointe (bien qu'on croirait parfois que c'est le cas!), des déboires financiers ou une maladie. Devrions-nous en conclure que les pratiquants d'ADD sont des insensés? Peut-être! Mais cela veut surtout dire que nous sommes conscients que les petites choses nous préparent aux grandes; que la joie, la créativité, la sagesse pratique peuvent être apprises; c'est pourquoi nous nous entraînons et c'est pourquoi nous disons que les obstacles sont des métaphores. La métaphore n'est pas la chose, mais c'est ce qui s'en rapproche le plus. Et elle en est d'autant plus belle.

- 57 -

« *RIEN QUE* DU PARKOUR? »

Lorsque nous consacrons des milliers d'heures à un sujet, et que ce sujet insuffle dans notre existence de nouvelles idées et des énergies insoupçonnées, il nous est impossible de ne pas le considérer avec sérieux, au point qu'il se dote pour nous d'une lourde charge symbolique. C'est une sacralisation.

Et c'est souvent là que des problèmes d'un genre nouveau apparaissent.

Nous devons respecter notre art. L'ADD peut répandre des bienfaits extraordinaires. En fait, nous commençons à peine à en voir l'étendue.

Mais.

Si c'est pour nous sacré au point que nous ne pouvons plus ressentir aucun lien avec ceux qui ne pratiquent pas, alors c'est que nous nous sommes égarés. L'ADD est sensé nous aider à devenir un être humain authentique, et non un gaillard élitiste et borné.

Prétendre à la supériorité : ainsi naissent les fanatismes. La religion, à titre d'exemple, est un moyen qui mène à la spiritualité, laquelle est une expérience intérieure; la religion en soi, le *isme*, est un véhicule et non la destination. Des problèmes font toujours surface quand on prend les moyens pour la fin.

Ainsi, dire « relaxe, mon vieux, ce n'est que du parkour » peut sembler sacrilège.

Mais il arrive que ce soit exactement ce dont on a besoin. Le monde est toujours plus grand que la perception qu'on en a.

- 58 -

CONNAÎTRE SES ORIGINES

Faites vos propres recherches à propos de la discipline.

De vraies recherches. Non pas un seul côté de la médaille. Non pas les idées d'un jeune ado qui s'exalte sur un forum en ligne.

Il y a eu tant de confusion, tant de malentendus. De frustrations, aussi : certains ont visiblement subi des blessures. Parfois, peut-être que des ego boursouflés ont été en jeu. Mais souvent, les choses ne sont pas ce qu'elles semblent être et il est triste d'entendre des gens présenter des suppositions comme si c'étaient des faits, et répéter ce qu'ils ont entendu sur le compte d'une foi aveugle ou d'un faible pour les commérages.

Certaines des rares recherches dignes de ce nom visant à mieux cerner l'histoire de notre discipline ont été faites par Julie Angel. Julie est une amie. Elle possède un doctorat sur le sujet. Elle a voyagé abondamment et a interviewé de très nombreuses personnes, tout en arrivant brillamment à éviter de s'impliquer dans les petits drames et les discussions politiques. Son travail est essentiel et pourtant, je suis certain qu'elle sait qu'il est partial et le sera toujours : l'Histoire n'est pas une science exacte.

Mais en dehors de tels efforts nobles, *on constate de nos jours une troublante épidémie. Celle de la paresse journalistique.* Beaucoup de soi-disant journalistes et éditeurs, pressés par les échéanciers et la concurrence, se débattent dans un monde aliénant qui est déjà saturé d'information, et sautent des étapes. Dans une continuelle agitation qui n'est sans doute pas étrangère à la diminution de nos capacités d'attention, ils veulent rapidement trouver des idées amusantes, envoyer leur papier au patron – ou le « publier » en ligne sans intermédiaire et donc, sans vrai travail éditorial, comme c'est de plus en plus souvent le cas –, pour ensuite passer à autre chose. La quantité avant la qualité.

C'est étourdissant et nous ne devrions pas tolérer cette paresse journalistique.

- 59 -

S'ENTRAÎNER AVEC BRUCE LEE

La vie m'a amené à me rapprocher de Chau Belle au cours des dernières années, mais les propos qui suivent s'appliqueraient à tout autre fondateur ou pionnier de la discipline : Yann Hnautra, Laurent Piemontesi, Williams Belle, Guylain

N'Guba Boyeke, Charles Perrière, Malik Diouf, David Belle et Sébastien Foucan.

S'entraîner avec l'un ou l'autre fondateur – et certains d'entre eux ont passé beaucoup de temps à améliorer leurs aptitudes de coaching – est une chance inouïe. Il se peut que nous n'en ayons pas conscience par manque de recul, mais apprendre auprès d'un fondateur de Yamakasi est un peu comme avoir eu l'occasion de s'entraîner avec Bruce Lee, lorsqu'il enseignait les arts martiaux sur les campus américains… Historiquement, leurs contributions respectives à la culture du mouvement sont comparables en importance. Leurs méthodes sont ou ont été parfois sujettes à la controverse, mais c'est ce que fait un pionnier : l'avant-gardiste se moque des idées reçues. Un pionnier cherche et expérimente. Un pionnier *vit* son art, il déborde de vie.

Quel que soit le domaine, certains précurseurs ne sont pas doués avec les mots. C'est pourquoi ils peignent, composent de la musique ou bougent. Souvent, ils ont leurs propres peurs, leurs propres incertitudes – ils ont le droit de douter ou d'errer. Mais généralement, ce à propos de quoi ils n'ont pas le moindre doute, c'est à quel point leur art peut être bénéfique. Ils ne savent pas toujours l'expliquer, mais ils le *ressentent*. Et cette certitude, cette vaste expérience de vie les font ressembler à des bibliothèques sur pattes. Ils ont tant à partager.

Donc, si vous avez la chance de vous entraîner avec une telle personne, n'hésitez pas. Ne tenez pas ces choses pour acquises. Et vous ne serez pas nécessairement d'accord avec absolument tout ce qu'ils diront – s'ils sont moindrement méritants, ils ne voudront pas d'un culte de toute façon. Mais leur force et leur passion pourraient vous inspirer pour toute une vie !

- 60 -

CÉLÉBRER LES DIFFÉRENCES

Yamakasi est un groupe à la croisée de nombreuses cultures : vietnamienne, française, italienne, congolaise et ainsi de suite. Ses fondateurs n'ont pas décidé de nier leurs différences; plutôt, ils ont célébré la contribution et le caractère unique de chacun. Cette forme d'humanisme devrait inspirer notre quotidien.

En outre, en dépit du fait que les neuf fondateurs de Yamakasi soient des hommes, les femmes sont tout autant respectées. Dans le documentaire *Génération Yamakasi*, Chau et Williams disent d'emblée que leur mère est une de leurs sources d'inspiration. Lorsque la discipline n'en était qu'à ses débuts, comme l'explique Julie Angel dans *Ciné Parkour*, de nombreux membres des familles Belle et Hnautra, notamment, des deux sexes et de tous les groupes d'âge, participaient aux entraînements. Le photographe Andy Day a quant à lui déjà remarqué qu'on pouvait dire à quel point une discipline était en santé en comptant son nombre de pratiquantes. Nous pourrions aussi ajouter que, logiquement, les instructrices peuvent nous donner de nouvelles perspectives précisément parce qu'elles ont été sous-représentées à un moment (en terme de coaching).

À l'Académie québécoise d'art du déplacement, nous avons régulièrement 50 % de femmes parmi les étudiants. Bien que nous en ayons tiré fierté pendant un moment, nous avons rapidement réalisé que l'orgueil n'avait rien à voir là-dedans : ce devait être *naturel*. Notre logo, que nous partageons avec l'ADD Academy en France, à Singapour et ailleurs, inclut la poignée de main Yamak. Les deux couleurs qui évoquent un peu un symbole yin et yang nous rappellent que l'âge, le sexe, la couleur, la culture, la religion importent peu : notre discipline est affaire de respect et de dignité.

Au reste, nous célébrons les différences dans notre propre entraînement. Contempler de nouvelles façons de bouger et d'interagir avec l'environnement nous inspire; découvrir des lieux insoupçonnés nous nourrit… Alors, célébrons!

- 61 -

ÉDUCATION CONTINUE

Il y a toujours quelque chose à apprendre.

Voyagez. Si vous ne pouvez vous permettre de visiter un autre continent, montez à bord d'un train et visitez une autre ville dans votre propre région. Même le village dont personne n'a entendu parler. Vous pourriez tomber sous le charme. Au moins une fois par année, passez quelques jours dans un endroit où vous n'êtes jamais allés; plongez dans une autre culture. Tisser des liens avec d'autres communautés d'ADD est merveilleux et vivement encouragé, mais les voyages nourrissent votre pratique même si vous ne vous entraînez pas beaucoup une fois sur place ou si vous ne rencontrez pas de passionnés. De simplement contempler l'architecture et les paysages, même s'ils ressemblent un peu à ceux de votre ville natale, sera bénéfique.

Prenez part à un atelier sur la course – vous pourriez réaliser que bien que vous soyez un expert en art du déplacement, il y a des conseils simples que vous devriez mettre à profit. Butinez sur le site de Gold Medal Bodies et prenez le temps de lire quelques articles sur la santé et l'entraînement. Rendez-vous dans une librairie indépendante et achetez un livre du Vénérable Thich Nhat Hanh ou de Sa Sainteté le Dalaï-Lama. Vous avez du mal à communiquer avec des gens qui ne sont pas francophones? Peaufinez votre anglais ou apprenez une autre langue. Vous savez qu'on trouve dans les livres une sagesse et une connaissance qui pourraient vous aider considérablement tant dans votre entraînement que dans votre vie personnelle, et pourtant vous peinez à en lire un au complet? Cela aussi peut être appris, quel que soit votre âge; c'est une simple affaire d'habitude, comme tout entraînement, et cela devient de plus en plus facile avec le temps.

Il y a toujours quelque chose à apprendre.

- 62 -

LE BESOIN DE DIGÉRER

L'histoire est banale. Quelqu'un souffre de troubles émotionnels et va voir un psychothérapeute d'une école, puis un psychologue d'une autre approche, puis un autre et un autre encore, et obtient peu de résultats. Le patient semble être incapable de s'ouvrir. Mais cela se produit à un moment inattendu : il fond en larmes... sur la table d'un massothérapeute.

Le corps permet parfois de contourner l'esprit conceptuel – l'intellect et son trop-plein d'idées, de justifications, de préjugés. C'est l'une des raisons pour lesquelles l'art du déplacement est si puissant : une telle discipline nous aide à comprendre, à incarner et à partager d'importantes valeurs. Chaque entraînement nous permet d'apprendre tant de choses.

Et pourtant, l'entraînement physique n'est pas tout.

Si nous voulons tirer le maximum de notre discipline, une forme ou une autre de méditation est essentielle. Vient un moment où nous devons nous tourner activement vers l'intérieur. Il est difficile, voire impossible, de développer une vraie stabilité et une attitude impartiale si nous sommes constamment assaillis et obsédés par les phénomènes extérieurs. La capacité de voir les choses telles qu'elles sont ne se manifeste pas sans un brin de silence; on n'arrive pas à comprendre l'esprit à l'aide d'actions et de paroles uniquement; en fin de compte, le bonheur durable et authentique n'est pas à trouver au-dehors.

Certes, nous *pouvons* nous contenter de bouger, d'entraîner notre corps, et devenir incroyablement habiles. Une condition physique inégalable, une fluidité remarquable, et un cran à toute épreuve. Nous pouvons nous contenter de cela.

Mais nous risquerions de passer à côté de quelque chose. Il manquerait, pour ainsi dire, une couche.

Il y a des tas de couches ou d'épaisseurs, et cela évoque un oignon : la préparation physique revient à retirer la peau extérieure; les techniques de base sont les premières couches comestibles; casser des sauts, c'est encore une autre couche…

Et tout au fond, il y a des trésors cachés.

- 63 -
DEUX COMPARAISONS

Première comparaison : l'agressivité au volant.

Exploser si les choses ne se passent pas *exactement* selon nos désirs. Un ego hypersensible et dilaté.

C'est tout le contraire de notre philosophie. Un pratiquant d'ADD devrait être bien outillé pour faire face aux défis du quotidien. Patience, persévérance.

Deuxième comparaison : un comportement rustre, bruyant.

Marcher négligemment dans la rue tel un ivrogne, criard et peu soucieux d'autrui.

C'est tout le contraire de notre pratique. Un pratiquant d'ADD cultive l'attention. Pleine conscience et dignité.

De telles comparaisons ne visent pas à faire la morale ou à porter des jugements. Elles évoquent la pleine présence; elles nous rappellent à quel point notre discipline peut être vaste et bénéfique.

- 64 -

« VA LÀ OÙ TA FÉLICITÉ TE MÈNE... »

Joseph Campbell était un auteur et mythologue immensément influent. Son œuvre est vaste et belle.

L'un de ses conseils les plus fréquemment cités, et certainement l'un des plus mal compris, était *« follow your bliss »*, que l'on pourrait traduire par « poursuis ton bonheur », « va où ta félicité te mène » ou encore, « écoute ton cœur ».

« En écoutant votre cœur, vous vous placez sur un chemin qui a toujours été là, un chemin qui vous attendait patiemment, et vous commencez à vivre la vie que vous devriez vivre. Écoutez votre cœur et soyez sans crainte : des portes s'ouvriront à des endroits insoupçonnés. »

Qu'importe, ce que les autres peuvent penser? Il suffit d'être à l'écoute de cette petite voix. « Où que vous soyez, si vous écoutez votre cœur, vous profitez à tout moment de cette fraicheur, de toute cette vie qui se cachait en vous. »

Inspirant.

Pourtant, vers la fin de sa vie, lorsque certains étudiants ont cru que Campbell encourageait une vie de paresse et d'hédonisme, il aurait grondé : « Follow your bliss? I should have said, follow your blisters! »

« Suivez votre cœur? J'aurais dû dire, suivez vos cloques et vos ampoules! »

- 65 -
« LE CHEMIN LE MOINS EMPRUNTÉ »

Robert Frost était un poète américain, une personnalité littéraire importante. L'un de ses textes les plus célèbres, publié en 1916, est *The Road Not Taken*, et se termine sur ces vers :

> *Deux routes bifurquaient dans un bois, et moi —*
> *J'ai emprunté le moins fréquenté*
> *Et cela a fait toute la différence.*

Méditons ces vers un moment.

- 66 -
L'ORIGINALITÉ POUR L'ORIGINALITÉ

[Pour faire suite au chapitre précédent.]

Néanmoins, parfois le chemin du guerrier peut et doit être celui que tout le monde emprunte.

Certaines personnes, dégoûtées par « le système », sont très libres d'esprit. Il y a sûrement du bon là-dedans. Les fondateurs de Yamakasi eux-mêmes se disent « *Wild Souls* ». Notre discipline en soi est non-conformiste. Robert Frost avait raison : c'est ce qui fait généralement toute la différence.

L'esprit de contradiction a toutefois ses limites. Nous les explorons souvent pendant l'adolescence. Dans les cas extrêmes, on vit dans l'illusion que simplement parce quelque chose a été préétabli, cela est sans valeur, et qu'a contrario toute chose nouvelle est systématiquement meilleure. Avec l'expérience, on comprend que les choses ne sont pas toujours ainsi.

Parfois, nous démontrons même davantage de courage et d'audace lorsque nous admettons que ce que nous faisons n'est pas si original. Et c'est un singulier paradoxe : quand on lâche enfin l'obsession de l'originalité, quand on cesse de toujours *essayer*, on se trouve soi-même, et de cette authenticité peut émerger une grande créativité. Non pas une imitation ou du narcissisme. Qu'une expression naturelle et spontanée de notre vraie personnalité.

- 67 -

FAITES DU MÉNAGE!

Une idée comme ça.

La plupart des travailleurs efficaces le savent : un bureau encombré a une incidence sur la volonté.

« C'est ma façon de travailler », répond le négligé en guise d'excuse. Mais essayez de faire un brin de ménage. Vous verrez.

Difficile toutefois de s'empêcher de se demander : si un bureau en désordre affecte votre volonté et votre efficacité globale, qu'en est-il d'un esprit encombré ?

- 68 -

FUITES D'ÉNERGIE ET COURRIELS INDÉSIRABLES

Nous recevons beaucoup de pourriels, n'est-ce pas ? Et quelle est notre solution première ? Les filtres *anti-spam*.

Il est cependant possible d'utiliser ce concept de filtres dans d'autres facettes de notre vie.

Il s'agit de ne pas nous laisser distraire trop facilement. J'entends – nous laisser distraire de la voie que nous avons si diligemment choisie. Nous sommes assaillis par des stimuli de toutes sortes, et des filtres de base peuvent être pratiques – ils ne sont évidemment pas à confondre avec l'arrogance ou l'indifférence.

D'être constamment distraits, en passant d'une activité à une autre – courriels, tâches ménagères, coups de téléphone, textos, courriels encore – sans structure ni système tel un singe anxieux, relève d'une mauvaise gestion de notre énergie. La faculté de concentration est comme une loupe, qui peut mettre à profit de simples rayons de soleil pour allumer un feu.

Ces fuites d'énergie se remarquent constamment dans l'entraînement, surtout auprès des débutants. C'est peut-être même le meilleur critère pour déterminer l'expérience d'un pratiquant : la bonne gestion de ses ressources. « Ça a l'air si facile quand ils le font », disons-nous ; mais en vérité, ça n'a pas toujours l'air aussi facile ; parfois, ils grimacent sous l'effort ; il serait donc plus exact de dire, ça a l'air simple. Et d'une certaine façon, ça l'est. « Jour après jour, il ne s'agit pas d'augmentation, disait le grand Bruce Lee, mais de diminution. Débarrassez-vous de tout ce qui n'est pas indispensable. »

Les quadrupédies aident à identifier les fuites. Souvent, quand un étudiant se démène après seulement quelques mètres, ce n'est pas tant une question de manque de force que de mauvaise gestion. Et l'avancé ne fait que cela, encore et encore : il améliore le système, l'efficacité énergétique, en identifiant les fuites et en ajoutant parfois des filtres.

L'utilisation du terme *traceur* pour parler de n'importe quel pratiquant témoigne d'une compréhension limitée de l'histoire de notre art. Voici donc l'appellation que je propose, si ce que nous faisons est « améliorer le système, l'efficacité énergétique, en identifiant les fuites et en ajoutant parfois des filtres » : *plombier.*

Heu, juste être certain : je blaguais.

Mais trouvez ces fuites.

- 69 -

VOTRE LISTE DE CHOSES À NE PAS FAIRE

En matière d'efficacité énergétique, plutôt que de développer de bonnes habitudes, il vaut parfois mieux se débarrasser des mauvaises.

Le malade qui prend des médicaments pour atténuer ses symptômes, mais n'essaie jamais de remédier à la vraie cause de sa souffrance, ne guérira probablement pas. Le même principe est à l'œuvre ailleurs. Nous devons trouver les racines.

Donc, plutôt que de dresser chaque jour une *liste de choses à faire,* ce pourrait être plus efficace d'avoir une *liste de choses à éviter.* Nous nous plaignons souvent de manquer de temps. Mais est-ce vraiment le cas, ou n'est-ce pas plutôt que nous en faisons un usage maladroit? Par exemple, si nous cessons d'errer sur les médias sociaux en dehors d'une plage horaire dédiée et de regarder notre téléphone portable toutes les dix minutes, abandonnons l'habitude illusoire de faire trois choses à la fois, réduisons notre consommation d'alcool et ainsi de suite, notre productivité pourrait bien atteindre des sommets insoupçonnés. Dans l'entraînement, on pourrait renoncer à des tas de choses – attitudes, mouvements spécifiques, usages singuliers de nos ressources… Et il ne s'agit pas d'éviter les périodes de jeux et de repos, essentielles, mais de couper court aux distractions pénibles et aux éléments qui causent plus de tort que de bien. Certes, comme dans tout apprentissage, il faut ici aussi trouver une progression appropriée.

En outre, quand vient le temps d'abandonner de mauvaises habitudes – le conseil mériterait d'être médité –, le sage apprend rapidement à *reconnaître les détonateurs.*

- 70 -

CHOISISSEZ BIEN VOTRE CARBURANT

C'est stupéfiant : quand il s'agit d'hypothèque, de prouesses, d'opportunités mondaines, nous semblons avoir une compréhension claire (quoique d'une portée limitée, il faut en convenir) des causes et des effets; mais lorsqu'il s'agit de bonheur véritable, de volonté, de sérénité, de santé, nous semblons soit dépourvus, soit complètement léthargiques.

Nous voulons rayonner, nous sentir alertes et biens dans notre peau. Pourtant, nous nous nourrissons de produits acides, remplis d'additifs et faibles en micronutriments, qui dérèglent notre système immunitaire et nos réactions inflammatoires; de calories vides qui nous enchaînent à une drôle de relation avec le sucre; d'aliments qui ont été exposés à des pesticides et qui ont parcouru d'énormes distances; de protéines issues de sources moralement contestables et qui nous laissent croire que nous devenons plus forts, mais qui en fait ne sont pas digérées adéquatement et déposent des lots de toxines dans notre corps; d'acides gras essentiels dans un rapport qui alanguit nos fonctions cérébrales…

La nourriture est notre principal carburant. Nous devenons ce que nous mangeons. Pourquoi nous satisfaisons-nous si docilement d'approximations et de théories infondées? Sur Internet, les sophismes abondent. Certaines tendances alimentaires causent beaucoup de tort, tant à la planète qu'à ceux qui adhèrent à ces régimes. Soyons plus rigoureux : notre vie en dépend. Pour des arguments scientifiques (les sociaux, environnementaux, spirituels et philosophiques pourront être trouvés ailleurs), on peut consulter, entre autres sources, *Super Immunity* de Dr Joel Furhman.

Gardez toutefois en tête qu'aussi importante que puisse être l'alimentation, l'être humain ne se nourrit pas exclusivement de nutriments, mais aussi d'idées, de relations, de mouvements…

En tout et partout, choisissez bien votre carburant.

- 71 -

LE RÉGIME DU HÉROS

En outre, nous devrions examiner la façon dont nos soi-disant valeurs se reflètent dans nos choix quotidiens.

Par exemple, manger de grandes quantités de viande (en se fondant sur des théories désuètes) est-il en accord avec les principes d'une discipline qui proclame un sens de la responsabilité universelle? Brendan Brazier, ancien professionnel de l'Ironman et deux fois champion canadien d'Ultra Marathon (50 km), concepteur de Vega et auteur à succès du livre *Thrive*, ne semble pas du même avis. De même, l'immensément talentueux (et végétalien) *freerunner* Tim « Livewire » Shieff. De même, l'auteur du présent livre. Pour n'en nommer que quelques-uns.

Certes, plusieurs diront que c'est un choix personnel. Mais c'est précisément le problème avec l'étroitesse d'esprit – nous faisons preuve d'arrogance en tant qu'espèce, et en tant qu'individus nous ramenons tout à notre petite personne, au point que de tels propos nous irritent. Mais même si nous devions tout ramener à nous-mêmes, nous ferions mieux de nous informer sur ce qui constitue un régime sain. Nous devrions rechercher des faits, qui ne sont pas désuets ou tordus par des intérêts financiers.

Si valider la mort de plusieurs animaux chaque semaine cadre dans votre définition de l'idéal du guerrier, du leader ou de la personne à même d'inspirer son prochain, alors peut-être est-il temps de revoir votre vocabulaire.

MOTIVATIONS INTRINSÈQUES

Pourquoi faisons-nous les choses que nous faisons?

Au-delà des mots, qu'est-ce qui nous motive à agir?

Parmi les nombreux modèles élaborés par les théoriciens et psychologues pour comprendre la motivation, il en est un qui consiste à déterminer si elle provient de l'extérieur ou de l'intérieur. Ainsi ont vu le jour les notions de motivations extrinsèques et intrinsèques. Au travail, par exemple, ce serait la différence entre écrire un rapport parce qu'il vous procurera un bonus, et l'écrire parce que cela vous procurera un sentiment d'accomplissement. La motivation intrinsèque est souvent liée à la joie, l'extrinsèque, à la récompense, qu'elle soit immédiate ou différée. Cela évoque notre dicton, « concentrez-vous sur le processus »... La récompense n'est d'ailleurs pas nécessairement matérielle : elle peut être sociale ou autre.

En outre, il y a les motivations « positives » et « négatives » : se rapprocher d'un objectif ou vouloir éviter quelque chose. Si nous prenions un exemple littéral de la carotte et du bâton, la carotte serait une motivation extrinsèque positive et le bâton, une motivation extrinsèque négative.

Les récompenses peuvent être utiles, par exemple, pour vous motiver à développer une nouvelle habileté (qui, espérons-le, en viendra à allumer sa propre source de motivation intrinsèque). Néanmoins, des récompenses excessives peuvent être contre-productives. La motivation extrinsèque a en effet de sérieux inconvénients :

➤ **Elle n'est pas durable.** Lorsqu'on retire la récompense (ou la punition), la motivation tend à se dissiper.

➤ **Ses rendements décroissent.** Si la récompense demeure la même, la motivation tend à diminuer. En d'autres mots, au fil du temps il faut toujours un plus grand trophée pour maintenir un même niveau de motivation.

➤ **Elle tend à réduire la motivation intrinsèque.** Les récompenses et punitions atrophient le désir naturel de faire les choses pour elles-mêmes.

Donc, pourquoi nous entraînons-nous? Pourquoi voulons-nous faire des sauts de plus en plus gros? Pour épater les amis? Nous prouver? Devenir populaire? Nous sentir bien? Pour l'amour du mouvement – parce que nous aimons le processus? Notre approche de l'entraînement s'accorde-t-elle avec nos valeurs et notre désir (parfaitement légitime) d'être heureux? Où tout cela nous mène-t-il? À la maîtrise? Certes – mais la maîtrise de quoi, au juste?

Évidemment, on peut se récompenser de temps à autre. Cela peut aider, par exemple, à acquérir une nouvelle habitude. Mais généralement, la motivation intrinsèque – l'inspiration naturelle – est plus forte et plus durable. Et une pierre angulaire de la motivation intrinsèque est l'amour, tout simplement : le plaisir du jeu, l'affection pour les partenaires d'entraînement et pour la communauté dans son ensemble, l'intérêt véritable pour la santé, la nature, l'architecture…

Rayonnez de l'intérieur et découvrez la loi des rendements croissants.

- 73 -

SUR L'AMITIÉ

De nos jours, on entend souvent cette devise dans le monde de l'entraînement : « si vous voulez devenir forts, entourez-vous de gens forts. »

Mais il n'y a pas que la force qui compte. Du moins, pas si l'on s'en tient à la définition la plus commune de la force (nous y reviendrons).

On pourrait conseiller de bien choisir ses amis ; mais une vraie amitié n'est pas une relation à sens unique, et d'une certaine façon, l'autre nous choisit aussi. Ça ne dépend pas que de nous ! Et comme le changement est dans la nature même des choses, les relations se construisent et évoluent constamment.

Les amitiés véritables ne doivent pas être tenues pour acquises. Elles devraient être célébrées avec gratitude et de mille façons simples. Certaines de ces façons peuvent paraître contradictoires de prime abord ; d'autres passent complètement inaperçues. Nul besoin de s'en formaliser.

Des milliers de pages pourraient être écrites sur ce thème. Ce n'est pas le sujet du présent livre. Mais prendre un peu de temps pour réfléchir à ce que cela signifie que d'être un ami est un exercice auquel devrait se livrer tout pratiquant d'ADD. « On commence ensemble, on finit ensemble. » Avec le recul, certaines choses sont plus importantes que d'autres.

- 74 -

AUTONOMIE, COMMUNAUTÉ

À s'entraîner toujours en groupe, on en vient à manquer d'autonomie et de sérénité; à s'entraîner toujours seul, on tombe dans la condescendance, l'étroitesse d'esprit ou l'hédonisme niais. Nous avons besoin de tranquillité et de jeux sociaux, de silence et d'échanges. Nous avons tous ce que nous pourrions appeler une personnalité de base, et il nous faut être conscients de nos besoins et préférences, mais un dosage équilibré de solitude et de relations sociales sera généralement hautement profitable.

Entraînez-vous toujours en groupe et vous cesserez d'apprendre; entraînez-vous toujours dans la solitude et vous cesserez d'apprendre.

- 75 -

UN MILE EN MOINS DE 4 MINUTES

Avant 1954, la plupart des gens pensaient que de courir un mile (1,6 kilomètre), en moins de quatre minutes était impossible. Ils pensaient que le corps humain n'était simplement pas conçu pour se déplacer aussi vite. Certains auraient même prédit que le corps s'effondrerait sous la pression.

Puis, un certain Roger Bannister l'a fait. Et tout a changé.

Avant cela, Sir Bannister n'avait pas réussi à gagner de médaille aux Olympiques, en dépit des attentes du public. Déprimé, il aurait passé plusieurs mois à se demander s'il devait arrêter la course. Mais à un moment, sa souffrance s'est métamorphosée en détermination, et il a décidé de faire quelque chose qui n'avait jamais été fait auparavant.

Dans les années quarante, le record pour courir un mile était de 4:01. Aller en dessous de cette limite été considéré impossible. Bannister l'a franchie le 6 mai 1954.

Certaines personnes interrompent ici le récit et s'en servent comme source de motivation. Certains semblent même l'utiliser pour justifier une forme de pensée magique. Nous avons toutefois d'autres raisons de rapporter cette histoire.

En effet, ça aurait pu ne rester qu'un exploit comme un autre, mais ce qui attire notre attention s'est déroulé deux mois après le record de Bannister. *Quelqu'un d'autre l'a fait.* Seulement deux mois plus tard! Et depuis, plusieurs autres personnes l'ont réussi, dont des adolescents.

C'est ainsi qu'en moins de 50 ans, ce qui était une « impossibilité » est devenu un « standard » (un standard certes élevé, mais un accomplissement relativement fréquent).

Quelle leçon pouvons-nous en tirer? Que les points de référence peuvent être incroyablement puissants.

Toujours, nous agissons, planifions et rêvons en fonction de points de référence. Ce qui constitue pour nous un « gros saut » ou un « obstacle élevé » est gravé dans notre esprit et influence notre perception des défis. Ces points de référence ont été définis au fil des mois et des années d'entraînement et en fonction d'une multitude de facteurs. *Toutefois, ce qu'il y a de génial avec les points de référence, c'est qu'on peut les changer.*

Ils changent naturellement au fil du temps. S'entraîner avec des personnes plus expérimentées élargit aussi les perspectives. Et il y a d'autres façons de les changer, que nous laisserons au lecteur le soin de découvrir...

Quels sont vos points de référence? Vous ralentissent-ils ou vous inspirent-ils? Et comment pouvez-vous les changer habilement et mettre à profit leur singulier pouvoir?

- 76 -

LA TENSION DYNAMIQUE

Un jour, je suis tombé sur les vidéos de Brian Johnson, l'auteur de *Philosopher's Notes*, et j'ai été surpris de constater à quel point nombre de nos idées sont complémentaires. Nous semblons avoir eu des vies très différentes, et pourtant nous arrivons aux mêmes conclusions sur une vaste gamme de sujets.

Une notion qui semble chère à Brian est celle de la « dynamic tension », ou tension dynamique. L'accessoire requis pour un de ses cours était un simple élastique. Il demandait aux participants de le tenir entre le pouce et l'index. Le pouce représente notre réalité du moment, et le doigt qui s'éloigne, notre idéal. Autrement dit : le pouce est l'être, l'index est le *devenir.*

Il y a une tension dynamique entre notre réalité et notre idéal, et la relation que nous entretenons avec cette tension influence tout dans notre vie.

Parmi les problèmes qui peuvent faire surface, on compte le désir d'éviter toute tension. Elle nous rend mal à l'aise et nous la fuyons à tout prix. Pourtant, si c'est ce que nous faisons, nous n'avons pour ainsi dire plus d'idéal – pas d'objectifs. Rien de valable sur quoi travailler. Terminée, l'expansion quotidienne de notre cœur et de notre esprit.

Un autre écueil, malheureusement trop fréquent, est de ne pas définir notre propre idéal. *De qui est-ce la vision? Qui, réellement, a défini cet idéal?* La société? Notre famille? Nos partenaires d'entraînement?... C'est une voie malsaine et aliénante. La première étape consiste donc à authentifier notre vision. À créer des objectifs clairs qui n'ont pas seulement à voir avec l'acquisition matérielle, mais avec le désir d'incarner des valeurs qui nous sont chères : être l'amour, être l'intégrité, et ainsi de suite. Ceci est d'une importance capitale.

Une fois que nous avons défini notre vision, nous devons garder la tension. Nous assurer que nous poursuivons toujours quelque chose dont nous sommes dignes. Et la meilleure façon de le faire, comme le dit Brian, est à l'aide d'actions simples, minutieuses, patientes.

Il n'est pas de grande tâche difficile qui ne puisse être divisée en petites tâches aisées, dit un proverbe tibétain.

Donc, un échelon à la fois. Avec toute la douceur requise et en faisant quotidiennement les ajustements.

La grande question est donc : comment pouvons-nous conserver cette tension – et surtout, entretenir une saine relation avec elle – dans notre approche de l'entraînement?

- 77 -

LA COURBE D'APPRENTISSAGE

Idéalement, nous apprenons à apprendre. C'est-à-dire que nous nous familiarisons avec les processus d'apprentissage, ce qui nous permet notamment de cesser d'avoir des objectifs irréalistes et de craindre les paliers.

Un des bons exemples pour le comprendre : les stéréogrammes. Ces motifs étranges qui semblent générés au hasard par un ordinateur, mais qui comportent une image cachée – lorsqu'on les regarde de la bonne façon, un objet apparaît en 3D.

Imaginez que vous en observez un avec des amis. Un copain apercevra peut-être l'objet immédiatement. Un corbeau, disons. Un autre ami, puis un autre encore, auront besoin d'un peu plus de temps, mais au final, tout le monde y arrive et s'amuse bien. Tout le monde, sauf vous. Vous ne voyez pas le corbeau. Ce n'est qu'un amas de lignes et de couleurs! L'ami A vous suggère de vous concentrer sur un point précis; l'ami B affirme que le secret consiste plutôt à laisser votre regard errer à la façon d'un ivrogne; l'ami C propose de regarder l'image à l'envers… Vous n'arrivez toujours pas à voir ce qui est désormais l'évidence même pour les autres. C'est irritant et vous en venez même à vous demander si votre QI n'a pas chuté radicalement à votre insu.

Et puis, vous continuez votre vie. De temps à autre, vous regardez le stéréogramme, sans voir l'oiseau. Mais un jour, vous vous réveillez, y jetez un coup d'œil et l'apercevez immédiatement. Et il vous est même désormais impossible de ne *pas* le voir!

Vous pourriez avoir l'impression que votre compréhension est passée de zéro à cent à cet instant précis. Ce n'est toutefois pas la façon dont notre cerveau fonctionne. Pendant tout ce temps, il a accumulé de l'information; il y a eu des avancées, petites mais continuelles, jusqu'à ce que soit atteint un certain seuil. Lorsque les causes et les conditions sont rassemblées, a dit le Bouddha, l'effet se produit. Dans ce cas, ne pas être capable de voir le corbeau ne relevait pas d'un manque d'intelligence : certaines conditions manquaient simplement. La courbe d'apprentissage est parfois quasi verticale, et d'autres fois, comme une pente douce… Si nous ne comprenons pas ce processus, nous tendons à nous culpabiliser.

Idéalement, nous identifions et rassemblons les conditions qui mènent au moment eurêka. Mais parfois, l'une de ces conditions est simplement le *temps*. Le corps-esprit a besoin de temps pour digérer l'information, relier les concepts, et voir ce qui a toujours été voilé.

Les pratiquants d'ADD devraient se familiariser avec ce processus qui est constamment à l'œuvre dans nos vies.

- 78 -

FAIRE DES LIENS

Il ne s'agit pas tant de connaissances isolées, disparates. Il s'agit d'associer différentes informations, souvent de façon inédite. Deux connaissances supposément distinctes, une fois rapprochées, en engendrent une troisième, possiblement plus puissante encore. Et pour un esprit ouvert et discipliné – un esprit qui n'est pas constamment encombré par les préjugés et les émotions conflictuelles –, la connaissance est exponentielle. *Plus nous apprenons, plus l'apprentissage est aisé.* C'est une des raisons pour lesquelles la lecture est une activité salutaire. Les mêmes principes s'appliquent au mouvement et à l'intelligence corporelle.

Nos plus grands apprentissages dans la vie se présentent parfois comme des révélations. En fait, nous avons peut-être inconsciemment lié une ribambelle d'éléments qui semblaient n'avoir rien à voir ensemble. Quelque chose dont nous avons été témoins pendant notre enfance, un paragraphe inspirant lu quelque part, une série d'incidents personnels, un phénomène social... Expériences qui, une fois mises en relation, nous ont permis de comprendre pleinement ce que nous avons toujours tenu pour acquis, ou ce pour quoi nous n'étions pas mûrs.

L'ADD aide à relier les points. Et cela même devrait devenir une habileté, une seconde nature. Pour y parvenir, nous pourrions notamment découvrir les joies et le potentiel du *mind mapping* (que l'on traduit parfois par *carte des idées* ou *carte mentale*). Des informations sur ce sujet peuvent être trouvées ailleurs… Mais en somme : papier et crayon en mains, installez-vous dans un endroit tranquille. Commencez avec un thème central, et ajoutez des mots-clés à mesure qu'ils vous viennent à l'esprit. Ne vous censurez pas et permettez-vous de faire des petits dessins. Faites confiance à votre intuition et voyez où cela vous mène. Vous pourriez être surpris par toute la connaissance qui se trouve déjà en vous, prête à émerger.

- 79 -

L'EXPÉRIENCE DE LA PEUR, DE L'ORGUEIL ET DES FRUSTRATIONS

Une notion fondamentale, dans la méditation bouddhiste, consiste à *apprendre à voir les choses telles qu'elles sont*. Sans les juger. Cela requiert une surprenante dose de courage que de simplement s'asseoir et rester à l'écoute, tout en abandonnant notre tendance à vouloir tout contrôler.

Dans cette optique, on nous conseille d'abord de porter attention au souffle. Il y a toutefois une différence entre relaxation et méditation. Une fois assis, et après quelques respirations seulement, nous réaliserons que notre esprit s'est égaré. « Qu'est-ce qu'on mange pour dîner ? Diantre, je n'ai jamais répondu à ce courriel ! J'hallucine ou ce prof de méditation vient de roter ? »

Lorsque cela se produit, et c'est une ritournelle, nous raccompagnons simplement l'esprit et revenons au souffle. Avec bienveillance, sans nous en vouloir. Presque chaque fois que quelqu'un s'initie à la méditation, il se sentira d'abord maladroit : « Je croyais qu'il s'agissait de faire le vide, mais mon esprit est plein à craquer ! Je n'ai jamais eu autant de pensées ! »

En vérité, le participant n'a pas plus de pensées. Il commence simplement à en être conscient. Cette expérience nous trouble parfois et nous fait croire que nous sommes de « mauvais méditants », mais elle est en fait merveilleuse : c'est une première étape pour entrer en amitié avec la nature de notre propre esprit.

Il y aura donc des pensées. Et c'est parfait ainsi. Le bouddhisme ne dit pas que l'intelligence et la créativité sont toujours funestes ; il nous enseigne à vivre en pleine présence et à ne pas tout suivre aveuglément.

Et tout comme il y a des pensées, il y a des émotions. La gamme d'émotions qui peuvent faire surface sur la voie de l'ADD peut être étonnamment vaste et intense. Nous pouvons certainement apprendre quelque chose des traditions comme celles du bouddhisme, pour rester sains d'esprit et apprendre à utiliser toute expérience sur la voie.

Chaque fois qu'une puissante émotion négative fait surface, disons la jalousie, la frustration ou l'anxiété, la plupart d'entre nous ne pensons qu'à deux options. Soit nous extériorisons l'émotion, soit nous l'avalons, pour ainsi dire. Explosion ou refoulement. Toutefois, le Bouddha enseignait une troisième option, celle de la pleine conscience bienveillante. C'est comme de regarder un feu, sans y ajouter de bois : vous ne l'étouffez pas, mais il ne peut non plus brûler pour toujours. Donc, plutôt que de porter des jugements sur votre personne ou sur ce que vous croyez être la principale cause de votre inconfort, vous pouvez simplement contempler l'émotion, en ressentir l'énergie, la texture unique, avec curiosité. Peut-être que vous ne vous sentirez pas immédiatement mieux, mais vous apprendrez certainement beaucoup au fil du temps, et cela vous aidera à vous familiariser avec les mécanismes à l'œuvre en vous-même.

L'auteur Pema Chödrön résume bien cette idée : « Ressentez l'énergie de l'émotion, mais abandonnez l'histoire que vous vous racontez à son sujet. » De très beaux livres ont été consacrés à cette thématique, et il y a d'autres façons de gérer les émotions difficiles, comme l'approche dite des « antidotes » dans le bouddhisme. Et bien évidemment, votre outil n'a pas à être d'origine bouddhiste, ni même orientale ! Mais quel que soit le nom qu'on lui donne, tout pratiquant d'ADD qui emprunte une voie de pleine présence et de bienveillance en tirera profit.

Il y aura des peurs. Il y aura des frustrations. Notre ego ou ce que nous appelons le « je » ou le « moi » enflera parfois. Être en mesure de reconnaître ces phénomènes est déjà un signe de maturité – mais ce n'est pas tout. La prochaine fois que ça se produira, nous pouvons *ressentir l'énergie et abandonner la petite histoire…*

- 80 -

TROIS SPHÈRES ; À PROPOS DE LA FORCE

Quiconque veut être fort, quiconque veut contribuer à la guérison du monde, doit tenir compte de trois sphères de l'expérience humaine : **le physique, la psyché, le social.** La beauté d'une discipline comme l'art du déplacement tient précisément à ce qu'elle touche à ces trois sphères.

La liste des bienfaits physiques est longue et assez évidente.

Celle des effets psychologiques est aussi bien garnie, et regorge de secrets qui se dévoilent au fil des mois, des années : pacification de la relation avec le stress et la peur, réconciliation avec l'effort et la difficulté, changement de perspective sur les plus banals détails du quotidien, humilité, et cetera, et cetera.

La contribution de l'ADD à la sphère sociale est peut-être la moins évidente. Elle n'en reste pas moins puissante et bien réelle. Le réenchantement du monde, un saut à la fois; chaque main tendue vers un confrère est un pas vers la guérison de ce monde.

La responsabilité universelle, pour un pratiquant d'art du déplacement, implique de garder ces trois sphères en perspective.

- 81 -

LORSQUE VOUS ÊTES BLESSÉ

Voyez la vaste différence entre ne pas réussir à évaluer ou à exécuter correctement un mouvement, et être un raté.

Acceptez et lâchez prise. Vous vous sentirez plus léger et permettrez ainsi à vos ressources intérieures de se concentrer sur le processus de guérison. « Il faut s'aimer soi-même » semble être un conseil fleur bleue; en vérité, c'est de la plus haute importance, notamment pour éviter d'hériter d'un traumatisme.

Il y a quelque chose à apprendre. Les accidents sont des mentors. Voyez votre condition actuelle comme une expérience et recherchez les apprentissages.

Reposez-vous et tâchez de bien dormir. Réduire votre consommation de caféine, vous détendre et ne pas trop manger juste avant de vous mettre au lit, ajuster les rideaux et votre horaire de sommeil selon la saison, ou quoi que ce soit : faites tout ajustement qui semble pertinent.

Nourrissez-vous d'aliments frais, sains et remplis d'une vaste gamme de micronutriments.

N'abusez pas de la glace. Un *certain* niveau d'inflammation est requis et l'interrompre complètement peut ralentir le processus de guérison. L'alimentation peut aider à cet égard : le curcuma (lorsque combiné à du poivre noir) et les oméga-3, par exemple, ont des propriétés anti-inflammatoires qui peuvent en faire de bons alliés.

Préservez votre mobilité, votre force et ainsi de suite, progressivement mais dès que le mouvement est permis. Trop de compensation peut aggraver les déséquilibres musculaires et créer d'autres problèmes à long terme.

Si la blessure est légère, vous pouvez toujours vous rendre aux entraînements et encourager vos amis. En sautillant légèrement sur place, par exemple. Essayez d'incarner l'esprit Yamak.

Si la blessure est grave, vous pouvez toujours entraîner… votre esprit. Ce pourrait être une autre façon d'incarner l'esprit Yamak. La convalescence peut aussi être l'occasion d'approfondir votre compréhension théorique : lisez des livres sur la santé, l'entraînement, la philosophie, des traités sur les arts martiaux ou d'inspirantes biographies de maîtres du passé.

Ne vous lamentez pas, mais laissez vos amis vous aider.

De retour sur pieds, laissez le passé derrière et ne permettez pas à vos peurs de vous hanter – si vous avez bien compris les enseignements de Mentor Accident, cela ne devrait pas être un problème –, mais trouvez une progression raisonnable. Faites en sorte que votre convalescence soit une bénédiction, votre corps un véhicule, le temps un ami, et les sensations des vigiles.

S'il y a lieu, travaillez sur ce qui était la cause première ; renforcez les maillons faibles afin de prévenir d'autres accidents.

En cas de doute, consultez un professionnel de la santé.

- 82 -

VOIR LA BEAUTÉ

L'art du déplacement nous permet de voir la beauté.

Voir la beauté cachée dans le gris des murs et dans les jardins de béton.

Voir le potentiel, la dignité de tout un chacun.

L'écrivain et poète québécois Félix Leclerc a un jour écrit : « Un étranger m'a dit que mon voisin avait la plus belle voix du monde. Quand donc découvrirai-je les choses par moi-même ? »

Nous entraînons notre vue, pour ainsi dire.

Afin d'être capable de voir l'insoupçonné.

Nous voyons – puis nous dévoilons.

- 83 -

LAISSEZ UNE TRACE

Vers 2008, l'initiative « Leave No Trace » a été proposée, et a depuis été adoptée par de nombreuses communautés de parkour à travers le monde. Il s'agit de respecter et de préserver les endroits où l'on s'entraîne.

Parkour Visions à Seattle présente ainsi cette initiative :

La philosophie derrière Leave No Trace *est fondée sur un sentiment de responsabilité et sur une conscience de l'environnement. Elle implique deux catégories de préceptes :*

1) *Connaissez votre équipement et votre environnement.*

2) *Laissez votre lieu d'entraînement en aussi bon état, voire en meilleur état, que lorsque vous l'avez trouvé.*

Certains groupes font même des corvées, passant des journées dans les parcs à remplir des sacs à ordures. On peut aussi effacer les traces de chaussures qui ont été laissées par les mouvements de type passe-muraille.

Une idée noble qui mérite d'être partagée.

Néanmoins, ce n'est pas exactement ce à quoi notre titre de chapitre faisait référence. Nous parlons plutôt de notre comportement, et plus précisément de l'émerveillement et du sentiment de dignité que nous pouvons susciter dans le cœur des citoyens. Les passants ne devraient jamais se sentir menacés, mais au contraire, inspirés.

Alors parfois, il est permis de laisser une trace. *Ne laissez aucune preuve physique de votre passage, mais ajoutez un brin de magie.*

- 84 -

YIN ET YANG

L'ADD offre une façon très tangible de s'initier aux principes du yin et du yang, et d'équilibrer les énergies complémentaires qui sont constamment à l'œuvre en nous et autour de nous.

Dans les techniques, il s'agit souvent de calibrer puissance et souplesse. Si vous êtes trop doux à l'atterrissage, vous vous effondrerez; trop rigide, l'impact sera brutal.

Mais l'équilibre ne consiste pas à rester à mi-chemin, comme si la barre des 50/50 était toujours l'endroit idéal où s'enraciner.

La faculté d'adaptation, ici encore, prédomine. Analysons par exemple un saut précédé d'une course. On pourrait dire que le moment où nous quittons énergiquement le sol est un moment essentiellement yang; que le moment où nous sommes dans les airs a une forte composante yin; qu'à l'atterrissage il nous faille coordonner les deux.

Ce principe est toujours à l'œuvre dans notre entraînement.

Le vide et le plein.

La ligne droite et la courbe.

La chorégraphie et l'improvisation.

La rapidité et la lenteur.

Et ainsi de suite.

Les arts martiaux les plus efficaces nous apprennent à allier et à réconcilier les énergies complémentaires. L'art du déplacement aussi.

- 85 -

LEVEZ, SOUTENEZ, ÉLEVEZ

Le titre dit tout.

Pierres angulaires : force, dignité, partage.

Donc soulevez et poussez; maintenez et donnez votre soutien; inspirez et édifiez.

- 86 -

ENTRE DIRE ET FAIRE...

Un gramme de pratique vaut mieux qu'une tonne de théorie, dit le proverbe. Et qu'importe qu'il ait originellement été attribué à Mahatma Gandhi, Ralph Waldo Emerson ou Benjamin Franklin : il s'applique nettement à notre entraînement.

Non seulement cela est-il vrai pour ce qui a trait aux aspects physiques et techniques de notre discipline, mais c'est d'autant plus important lorsqu'il s'agit de philosophie. Il est si facile de *parler* de valeurs. Si facile de parler de compassion, par exemple. Mais notre objectif devrait être d'*incarner* ces valeurs et ces idéaux.

En outre, être trop rigide quant à notre conception de la noblesse peut être un dangereux écueil. Nous pouvons parfois être inspirés par les « codes d'honneur », mais historiquement, ils ont souvent été associés à des abus et à des actes de violence. Rien n'est plus éloigné de l'esprit de notre discipline.

Alors, parlez, écrivez, lisez autant que vous le voulez. Une certaine dose de conceptualisation peut être nécessaire. Mais voyez ensuite en quoi ces belles notions peuvent s'appliquer à votre propre vie. Vous pourriez prendre ces chapitres, par exemple, comme autant de conseils personnels. Ne faites jamais de la connaissance intellectuelle de simples trophées qui nourrissent votre ego.

LA PRATIQUE DE LA DÉDICACE

Une excellente façon de générer du courage, ou simplement de témoigner de la gratitude est la pratique de la dédicace.

Lorsqu'on casse un saut, on peut le dédier à un ami, un mentor, un étudiant, un partenaire d'entraînement, un membre de la famille, un collègue, ou même une personnalité inspirante ou une figure archétypale.

Et pas non seulement lorsqu'on casse un saut : tout défi peut être l'occasion de partager le fruit de nos efforts. Yann Hnautra, cofondateur de Yamakasi, a déjà dit, sourire en coin, quelque chose comme : « Quand ça devient difficile, dédiez votre prochaine pompe à votre plus jeune sœur, puis la suivante à votre sœur aînée, puis la suivante à votre frère… Si vous avez une grande famille, vous deviendrez très fort ! » C'est une variante sur le leitmotiv « on commence ensemble, on finit ensemble », et cela peut être combiné à l'exercice de la leçon 43.

Dans l'approche bouddhiste, la pratique de la dédicace est pour ainsi dire systématisée. Dans les écoles du Grand Véhicule en particulier, la compassion et l'impartialité sont de la plus haute importance. Après chaque séance de méditation, voire après toute activité vertueuse, le pratiquant dédie ses mérites à l'éveil de tous les êtres vivants ; il espère que le fruit de ses efforts ne servira pas que ses propres intérêts, mais qu'il aidera, ne serait-ce que d'une façon incroyablement subtile et indirecte, les êtres à progresser vers un bonheur authentique. Une tasse d'eau que l'on répand sur le pavé s'évaporera rapidement ; versée dans l'océan, elle durera. C'est une des façons de comprendre le précepte tibétain « bon au début, bon au milieu, bon à la fin » : une motivation digne pour commencer, un esprit alerte et vigilant pendant la méditation proprement dite, et une dédicace complète à la fin.

Même si l'art du déplacement n'est pas nécessairement ou spécifiquement lié au bouddhisme ou à une telle tradition spirituelle, la pratique de la dédicace peut être très bénéfique. Il y a d'emblée deux façons de la faire.

La première se fait pendant ou juste avant l'effort. Sourire et ramener à l'esprit le nom ou le visage d'une personne qui nous est chère lorsque nous nous apprêtons à relever un défi (casser un saut, continuer un trajet de quadrupédie particulièrement long, et cetera). «Je suis épuisé, j'ai peur, mais je sais que je peux le faire. Et je le ferai en guise de gratitude pour tel professeur, ou avec une pensée spéciale pour ce jeune enfant courageux qui vient au cours chaque semaine.» Il importe alors d'être pleinement présent, de se concentrer sur le mouvement proprement dit, avec un esprit tranquille; on devrait être *inspiré* par la dédicace, jamais *distrait* par elle. De plus, éviter de se sentir coupable si les choses ne se passent pas comme prévu : ce que nous offrons, c'est notre volonté à faire face aux obstacles, notre bonne foi, nos ressources intérieures.

La deuxième méthode se pratique *après* une séance d'entraînement, ou plus généralement au fil de la journée, voire tout au long de notre vie. Il s'agit de nous abandonner généreusement, de nous assurer que le petit ego espiègle ne s'accapare pas tous les fruits de nos efforts, et d'espérer sincèrement et humblement que quelque vertu que nous ayons acquise soit utile à quelque chose de plus grand et contribue à apporter un peu de paix en ce monde.

- 88 -

RETOUR AUX BASES

Nous croyons souvent que nous évoluons lorsque nous faisons de nouvelles choses, ou lorsque nous accomplissons les mouvements les plus audacieux. Curieusement, c'est parfois lorsque nous revenons aux bases que nous faisons les plus grands bonds dans notre apprentissage.

Nous assurer que nous n'avons pas négligé les rudiments. Travailler sur la mobilité, la stabilité, la force. Enchaîner des mouvements simples, mais de façon spontanée et détendue. Accepter un défi de quadrupédie. Se souvenir du comment, du quand, du *pourquoi*.

Williams Belle, cofondateur de Yamakasi, a dirigé une séance intéressante sur le sujet (Julie Angel a immortalisé cette séance en en réalisant un montage vidéo). On demandait aux participants de franchir un simple muret. Mais il s'agissait avant tout de porter attention à la *sensation* : l'impression fugace d'être en suspension, la texture de la brique et du béton, la joie que procure le mouvement.

Nous avons besoin de simplicité. Si ce n'est maintenant – peut-être en sommes-nous à une phase enivrante dans notre apprentissage, dans laquelle nous devons explorer de nouvelles frontières et absorber une vaste quantité de connaissances –, alors un jour ou l'autre. Les concepts feront place à l'expérience, et la clarté l'emportera sur l'agitation.

Comme le dit Ani Lodrö Palmo, moniale bouddhiste et auteure québécoise : « l'esprit tranquille peut toujours accueillir et gérer la complexité, alors que l'esprit compliqué détruit inévitablement la tranquillité. »

- 89 -

L'ÉTOILE POLAIRE

Périodiquement, assurez-vous que votre étoile polaire soit toujours brillante et bien en vue.

Que vous ne vous êtes pas laissés distraire, et que vous ne vous êtes pas éloignés de vos valeurs. Et si vous vous êtes égarés, ne vous culpabilisez pas; tirez une leçon de l'expérience et revenez simplement; c'est la raison même pour laquelle vous avez choisi une étoile brillante à l'origine.

Faites une pause. Respirez. Contemplez. Chaque jour a sa nuit et les occasions de vous assurer que tout est toujours aligné ne manqueront pas. Faites-en bon usage.

- 90 -

L'ÉPREUVE ULTIME

Après des mois et des années d'entraînement, après des milliers de sauts et des milliers de passements d'obstacles, vous êtes peut-être prêt pour l'épreuve ultime.

Ce passe-muraille impressionnant que seul un gaillard mythique a réussi? Cet immense saut entre deux toits? Un nombre étourdissant de *muscle-ups*…?

Ce n'est pas ce dont il s'agit.

La question ultime, c'est : en général, êtes-vous plus serein, plus optimiste, plus créatif, plus résilient, plus bienveillant?

Si, en toute franchise et sans fausse modestie, vous semblez n'avoir fait aucun progrès dans ces domaines, vous avez été induit en erreur et il est temps de revoir la façon dont vous approchez votre discipline.

EN GUISE DE POSTFACE

Un voyageur à la poursuite d'une nuit étoilée

de Yann Hnautra, cofondateur Yamakasi

Quand je contemple un ciel étoilé, je pense à l'évasion, aux voyages. Le ciel me rappelle mon histoire personnelle, depuis ma tendre enfance. Il me ramène à ma base, me réconforte et me revigore, car il me fait penser à ma famille, à mes amis, à mon idéal, à cette époque où le présent était superposé au passé et où seul le futur me demandait des efforts, tout en me faisant sourire d'une certitude chaque jour nouvelle. Toutes ces nuits que je passais après l'entraînement, à discuter, à rêver, à espérer et à apprécier l'instant, m'ont fait connaître le sens de l'amitié, de l'humanité. Ces moments étaient ponctués de douleur, de détresse parfois, mais plus encore de joie, et constituaient les saisons de ma vie. Saisons au fil desquelles je n'ai cessé de courir, sauter, grimper pour trouver un lieu imprégné de quiétude sans nom, cet endroit changeant d'un jour à l'autre… J'attendais l'aube avec impatience, car elle annonçait un jour nouveau qui allait me permettre de renouveler ma pensée, mes réflexions, ma béatitude.

Dans ma solitude croissait une certitude, un amour immense. Les doutes, les peurs, la violence venaient parfois frapper gratuitement, écailler les rêves, tenter d'affaiblir les forces intérieures. Mais cette certitude a toujours été pour moi un idéal à vérifier, à clarifier, et qui je pense, permet à chacun de trouver sa place. C'est le secret de la longévité…

Pour ma part, je l'ai découverte par hasard, au détour d'un instant d'évasion, à croire en l'inconcevable grandeur de la pensée, au caractère infini de l'histoire qu'il nous faut sans cesse écrire. Ici ou ailleurs, qu'importe? J'ai découvert des possibilités physiques et spirituelles, et le monde s'est pour ainsi dire révélé, quand j'ai compris que l'homme audacieux, courageux, pouvait s'améliorer au lieu de se mentir et de mentir, au lieu de détruire par prétention, vanité et orgueil.

La découverte de cette force est une confrontation avec soi-même, et la recherche de la vérité est la seule conduite à tenir, au risque de se blesser pour mieux se reconstruire. On se cherche soi-même, on relève un grand défi personnel, et toujours il est question d'honnêteté. Les premières étapes franchies, on découvre toutes les beautés de notre humanité, resplendissantes comme les étoiles.

J'ai découvert ce ciel étoilé au moment où je cherchais à voir. J'ai réalisé alors qu'il m'apportait ce repos tant cherché, cette sécurité presque fœtale... La tête levée, je regarde et regarde encore. Je peux y voir la souffrance et la joie qui passent comme le vent qui rafraîchit mes idées et fait frissonner mon corps exténué par l'entraînement. Ma certitude va passer ces étoiles, tôt ou tard. Elle me fait sourire avant mon départ, sachant que mon retour s'annonce déjà pour demain!

Je termine cette parenthèse par les deux citations suivantes, qui, je l'espère, vous feront regarder le ciel de plus près, ou autrement...

«Tout est plus simple que l'homme ne peut l'imaginer et en même temps plus complexe qu'il ne peut le comprendre.»

— Goethe

«Lao-Tseu dit "j'évoluais au-dessus des phénomènes."

Confucius demanda "que voulez-vous dire?"

Et Lao-Tseu de répondre : "il s'agit de quelque chose que notre esprit est impuissant à saisir et devant quoi nous restons bouche bée, mais je vais tenter tout de même de t'en donner une certaine idée."»

Merci à ma petite famille,

Merci à notre grande famille,

YANN HNAUTRA

À PROPOS DE L'AUTEUR

Écrivain et athlète québécois, Vincent Thibault est l'auteur d'une douzaine d'ouvrages, parmi lesquels on compte des romans, nouvelles et récits remarqués par la critique, et des essais ayant trait à la santé et à la philosophie. Voyageur émerveillé, et défenseur de ce qu'il conviendrait d'appeler l'*optimisme éclairé*, il a cofondé l'Académie québécoise d'art du déplacement. Vous trouverez une biographie plus complète sur son site web.

www.vincentthibault.com
www.facebook.com/vincentthibaultdotcom

BIBLIOGRAPHIE PARTIELLE

LITTÉRATURE

Les Mémoires du docteur Wilkinson, nouvelles d'inspiration policière, éditions de la Pleine lune, 2010.

La Pureté, nouvelles d'inspiration japonaise, éditions du Septentrion, collection Hamac, 2010.

Les Bêtes, roman nordique, éditions de la Pleine lune, 2012.

Le Grand XXIIIe, roman fantastique, éditions Hurtubise, 2014.

PHILOSOPHIE ET SPIRITUALITÉ

Quand les sombres nuages persistent : Conseils du cœur à ceux qui vivent des moments difficiles et à ceux qui les aiment, préface de Francine Ruel, éditions de Mortagne, 2010.

L'art du déplacement : Force, dignité, partage, essai, préface de Dan Edwardes, éditions du Septentrion, 2012.

Méta-Nutrition : 12 pistes pour reconsidérer, simplifier, guérir et dynamiser sa relation avec la nourriture, CreateSpace, 2013.

Made in the USA
San Bernardino, CA
24 July 2020

75885430R00162